大雅叢刊

中國式資本主義
——臺灣邁向市場經濟之路

魏萼 著／三民書局 印行

國立中央圖書館出版品預行編目資料

中國式資本主義＼臺灣邁向市場經濟
之路／魏萼著. --初版. --臺北市：
三民，民82
　　　面；　　　公分. --（大雅叢刊）
ISBN 957-14-1972-9（精裝）
ISBN 957-14-1973-7（平裝）

1.經濟地理─臺灣

552.2832　　　　　　　　　81006777

© 中國式資本主義
──臺灣邁向市場經濟之路

著　　者　魏萼
發 行 人　劉振強
著作財產權人　三民書局股份有限公司
印刷所　三民書局股份有限公司
地址／臺北市重慶南路一段六十一號
郵撥／〇〇〇九九九八─五號
初版　中華民國八十二年三月

ISBN 957-14-1973-7（平裝）

序

第二次世界大戰之後，幾乎所有經濟後進的國家，都致力於經濟發展的追求，中華民國台灣地區以成長快速、物價穩定與所得分配公平脫穎而出，創造「經濟奇蹟」，被譽為「台灣經驗」。美國故未來學家赫曼・康(Herman Kahn)認為，世界經濟發展中有兩個半英雄，兩個是中華民國台灣地區和南韓，半個是日本。他的理由是：美國自一七七六年獨立建國至一九七六年二百年在經濟發展方面的成就，日本花了一百年，而台灣和南韓只需要五十年就可以達到。他又稱台灣、香港、新加坡和南韓為四個小老虎，或稱四小龍。

台灣並無豐富的自然資源，毋寧相當貧乏，且有強敵的威脅，與沈重的軍事負擔，何以經濟却有這樣優異的表現，經濟學界已有很多文獻，嘗試加以解釋，並以台灣經驗提供其他發展中國家參考。魏萼教授在這本大作《中國式資本主義——台灣邁向市場經濟之路》中，提出了他自己的看法。

正如本書的書名所顯示的，魏教授從台灣經濟制度的特色探求其經濟發展成功的原因。根據魏教授的觀察，台灣的經濟制度是具有中國特質的資本主義(capitalism with Chinese characteristics)或中國式的資本主義 (the Chinese-style of capitalism)，對照之下，他稱大陸地區的經濟制度為具有中國特質的社會主義

(socialism with Chinese characteristics) 或中國式的社會主義
(the Chinese-style of socialism)。所謂中國式的資本主義，是
由中國傳統主流經濟文化與歐洲傳統主流經濟文化交織而成，也
就是在以私有財產為基礎的市場經濟之中，加入政府功能，包括國
營事業、經濟計畫與經濟政策，以補純粹市場經濟的不足。

　　事實上，純粹的市場經濟與純粹的計畫經濟，如今並不存在，
幾乎所有國家的經濟體制，都是市場加政府的型態。在現實世界
中，資本主義經濟與共產或社會主義經濟的不同，在於前者是以市
場為基礎加入政府，後者則以政府為基礎加入市場，而在資本主義
經濟中，各國之間的不同，主要在於政府扮演的角色。就這一點而
論，魏教授所說的中國式資本主義不同於西方資本主義之處，從我
看來，在於政府在經濟發展中扮演比較積極的角色。在這種情形
下，政府的發展政策是否正確，所採取的措施是否恰當、適時和有
效，乃成為經濟發展成功與否的重要因素。

　　魏教授認為，從民國三十八年到七十八年，台灣經濟發展的一
個重要特色，是從強調農業、到工業、到商業，而在工業發展方面，
則從勞動密集、到資本密集和技術密集，循序漸進的發展。在政府
與民間的配合方面，則以政府的計畫、政策與國營事業協助民間追
求財富。中國自古主張「藏富於民」，民富則國強。孟子曾經說：
「百姓足，君孰與不足；百姓不足，君孰與足。」國父　孫中山先
生也說過，他的民生主義就是發財主義：讓大家發財。

　　魏教授在他的這本大作中，回顧了台灣經濟發展過程中一九
五○年代的進口代替，一九六○年代的出口擴張，一九七○年代克
服能源危機，以及一九八○年代在世界經濟困難的環境下繼續締

造經濟發展的佳績。他並強調我國傳統儒家文化勤奮、好學與重視倫理，對台灣生產力提高與社會和諧的重要貢獻。

民國八十年九月，新加坡《海峽時報》報導了李光耀的一段高論，他說：「勤勉、節儉、重視教育、信靠鄉里、互助等儒家價值，使得中國人家庭團結一致，教養子女，讓他們教育良好，鬥志高昂，在壓力下表現優異。」李光耀先生這一段話，可以支持魏教授關於儒家文化對台灣經濟發展貢獻的看法。

我也願意藉著這個機會，就政府在經濟發展中的功能，表示一點簡單的看法，給魏教授的大作作一註腳。根據世界銀行的一份研究，自從一九五〇年以來，發展中國家實施了三百多個經濟計畫，就其在一九七〇年代的表現而言，最成功的例子，既不是計畫周詳且政府大力干預，也不是對計畫不加重視，而是具有良好的總體計畫結構，作為公共投資規畫的依據，同時並提供良好的獎勵作法，以引導私人部門的發展。這正是中華民國政府過去推動經濟發展成功的一個重要原因。我常常引用華特（Frank Wolter）教授的看法：政府部門小的時候，經濟成長快，政府部門大的時候，經濟成長慢。政府強則經濟弱，希望一心一意想建立大有為的政府者引以為戒。

魏萼教授和我是老朋友，民國五十二學年度，他在台大經濟系四年級的時候，我恰好接替施建生師授四年級的必修科「經濟政策」。回首前塵，幾乎快要三十年了。其實我那時候自己尚在一知半解的階段，談不上能對他們有甚麼貢獻，只希望還沒有達到誤人子弟的程度。如今他們這一班同學，有很多在學術上和事功上有很大成就，常有機會和我見面的像中央銀行的副總裁邱正雄先生、國

庫局的局長薛維中先生，和中國信託銀行的總經理駱錦明先生，魏教授也是其中的一位。我覺得十分欣慰。

民國六十年代初期，魏教授從美國聖路易獲博士學位回國後，有很豐富的工作經驗。他曾經在台大經濟系和三民主義研究所任教，並曾受執政黨徵召擔任文化工作會的副主任。晚近他兩度赴美，先後在史坦福大學胡佛研究所和柏克萊加州大學東亞研究所從事研究工作，並在美國懷俄明大學、俄羅斯莫斯科大學及大陸廈門大學擔任客座教授，現在是中山大學經濟學教授和亞洲與世界社主任。本書是他的英文大作 *Capitalism: A Chinese Version —— Guiding a Market Economy in Taiwan*（在美國俄亥俄州立大學東亞研究所出版）的中文版，是近年魏教授繼《一個悲劇的開始：台灣一九四七年二二八事變》（*A Tragic Beginning: Uprising of January 28, 1947*，在史丹福大學出版）一書以後的力作。承他的盛意，要我作序，甚以為榮。

孫　震

民國八十二年二月十四日
於國立台灣大學

自　序

　　在寫本書時, 首先, 我願向史丹福大學胡佛研究所的馬若孟教授(Ramon H. Myers)致以衷心謝意。他是在臺灣經濟界享有盛名的專家。馬若孟教授曾鼓勵並幫助我從胡佛研究所得到進行此項研究的經費。沒有他的幫助, 本書的寫作則絕無可能。

　　我也願向加利福尼亞大學柏克萊分校的斯卡拉皮諾教授(Robert A. Scalapino)表示謝意。是他把我從臺灣複雜的政黨政治關係中拯救出來, 並重新帶回到學術研究領域中來。1983 年夏, 那時我正擔任蔣經國主席領導下的國民黨文工會副主任職務, 接到了出乎意外的邀請。此邀請函係由斯卡拉皮諾教授所簽發, 邀請我來加利福尼亞大學柏克萊分校做研究工作。接到他的邀請函以後, 1983 年底, 我決定離職赴柏克萊。若無斯卡拉皮諾教授的幫助, 雖然我當時仍是國立臺灣大學的經濟學教授和中央研究院的研究員, 我也不可能有機會專心回到學術界來。

　　我還要感謝哈佛大學的約翰‧費正清中心主任麥克法夸爾教授(Roderick MacFarguhar), 和懷俄明大學國際合作部主任瞿文伯教授(Win-berg Chai)等。我同這兩位先生曾深入討論過儒學的資本主義文化與社會主義文化領域內的經濟比較研究, 因而為我寫作本書提供了頗有價值的見解。

　　1990 年 3 月, 維吉尼亞大學冷紹烇教授(Shao Chun Leng)

發起召開了關於蔣經國與臺灣現代化的討論會，這次會議爲我提供了一個重新評價蔣經國對發展臺灣經濟所做貢獻的難得的機會。那時我特別高興能有機會同耶魯大學的費景漢教授(John C. H. Fei)和加利福尼亞大學聖地亞哥分校的墨子刻教授(Thomas A. Metzger)一起討論了臺灣的經濟經驗。他們在維吉尼亞的夏洛茨維爾召開的會議中提交了所寫的關於臺灣經濟的重要論文。

另外，我還要向科列索夫教授(Vasili P. Kolesov)和曼瑞金教授(George R. Manrykin)深致謝意。他們分別是國立莫斯科大學經濟系主任和國外經濟學部主席。當我訪問蘇聯時，由於他們的款待，使我能有機會把本書的基本概念介紹給國立莫斯科大學經濟系的師生們和蘇聯科學院東方研究所及世界社會主義國家經濟研究所的專家們。這次經歷使我得到鼓舞和信心，促使我盡可能快地寫完本書。

中國社會科學院院長胡繩教授與副院長劉國光教授、汝信教授的多次訪問邀請，爲我提供了機會，得以訪問中國的重要領域，並同社會科學院及北京大學的各個經濟學專家們一起討論本書的構思。他們的評論和論戰性意見使我對本書某些有爭論性論點做了一定的修正。

我還要感謝加利福尼亞大學柏克萊分校的高若恩教授(Joyce Kallgren)和高棣民教授(Thomas B. Gold)。他們在1988年8月主持召開了中國經濟關係討論會，使我有機會將本書的來龍去脈表達給中國的經濟學家們，也請他們指正。諸如：中國社會科學院經濟研究所所長趙人偉、臺灣研究所所長陳憶村、上海社會科學院院長張仲禮，以及其他傑出的經濟學者：梁宇藩、章嘉琳、吳明瑜、

高希均、于宗先、劉泰英和陳明等先生，在此我對以上各位表示深切的感謝。北京大學校長吳樹青教授、廈門大學副校長王洛林教授及臺灣研究所所長陳孔立教授等的邀請訪問，使我有機會講述本書部分內容給北大和廈大的年輕學者們，其意義更是重大；享譽中外的國學大師南懷瑾教授給我許多指導，使本書增色不少。

　　還有，我要特別感謝加利福尼亞大學柏克萊分校中國研究中心的薩平頓女士(Kerilyn Sappington)，她幫助我編輯了這本書。沒有她的熱心幫助，則本書絕無可能問世。因此，對她的貢獻，我將永遠不會忘記。最後，我也要感謝北京中國社會科學院的戴天先生，若沒有他的協助翻譯成中文，本書中文版的問世也無可能。因為本著作原來在美國俄亥俄州立大學東亞研究所出版的，特此致謝。

評　介

　　二十世紀已爲二個獨一無二的社會所產生的財富和權力做了見證：創造了取代市場空間的機構亦或設計引導市場的工具。這個遍及全世界共產主義運動已在這一大部分失敗，因爲每一個國家從不會發現一個適當的替代品來代替市場空間。但導引市場去擴大社會財富已在拉丁美洲、非洲、中東以及部分亞洲國家產生了不良的示範效果。國家干涉市場機能來發展新工業，他們以通貨膨脹、弱勢政府、高失業率和貧窮來產生了經濟困境。

　　然而這種情形在東亞是有些不同的，那兒他們的領袖和官僚成功地開展了經濟改革。英國作家薩奇(Saki)曾說過：這是一個對中生代改革者的安慰，假如這些推動的利益在他們這一代還存在的話，將一直延續到他們下一代。那些中生代的改革者指導了中華民國的改革和政策，引導了他們的經濟去創造一個遠超出他們夢想的繁榮。

　　在東亞有存在一個獨一無二的中國式資本主義嗎？如果用比較是會誤導一般大眾。香港的繁榮經濟是由中國人所創造的，但卻是英國在沒有加重高成本的保護主義下管理而成。新加坡也只是一個沒有龐大管理的皇室經濟和許多城市複雜性的城市國家(city-state)的組成而已。臺灣則不相同，它有一個提供人民高成本國家保護的政府，它的經濟也是複雜的，而且包含了鄉村和城

市。但臺灣的經濟成功與它屬於小型面積有很大的關聯。已故哈佛大學教授費正清(John K. Fairbank)的話亦總是提醒我們：如果中華人民共和國的任一個省分都能得到像是日本或其他國家投資在臺灣上的有利資源，那麼它也是會一樣成功。這種宣稱是錯誤的，而且與這種大小的因素是沒有關聯的。

中華人民共和國總是承諾去實現約翰·蓋斯薛(John Ortega Y. Gasset)所描述的革命：「革命不是反抗現存秩序的暴動，但這是一個新秩序相對於舊秩序的建立。」藉著創造一個與中國人感情傾向不相容的機制，共產黨員已扭曲了中國社會和經濟而產生不良功能，這種情形是很廣泛的存在於中國境內。

將近四十年來，中華民國面對兩個主要的威脅，影響臺灣經濟持續的發展，如此也爲這個政體和它的人民帶來了不小的災難：一是中國共產黨軍事威脅，二是國內外在在都有推翻國民黨政府和建立一個獨立的臺灣共和國的渴望。東亞沒有一個國家曾同時遭遇到如此二種災難。

若將安全威脅的議題放在一旁，中華民國繁榮的成功是導因於經濟機構和政策引導資源到高附加價值使用，克服了市場衰退，消除了擾亂國內市場機能的外部障礙，而且也降低了在需求面和供給面無法預期的轉變所造成的市場變動。這些成功的故事都會在魏萼教授的研究中明示出來。

魏萼教授也一再的提醒我們，中華民國領導者和官僚們的理想均調整了市場機能在生產因素(投入)和最終貨品、服務(產出)二者方面。國父思想的確影響了政治領導者和文官體系，在介入市場機能方面，也指導了避免因財富擴大所引起的貧富不均的現象，

使市場機能保持一種穩定,並且防止通貨膨脹的產生。特別重要的是中國經濟機構和市場的特點與中國人重視教育、辛苦工作和節約的性格相結合。

　　魏萼教授在解釋國家政策和國營事業的角色時,認為它們與中國大陸經濟改革有相當的關聯。臺灣的經濟政策將在經濟發展過程中不適用後逐漸汰舊換新,臺灣的國營企業也將部分民營化,而且政府經濟的角色將會限制容許讓私有部門再加以擴大。當大陸的領導者在實現此相同的經濟政策時,則中國大陸經濟政策將會逐步開放與改革,終將與臺灣的混合式經濟相似。這個過程不正在進行中嗎?

　　臺灣經濟現已再度調整了一個新的市場力,如此引導了過多的存款和資金到中國大陸南方或其他地方。臺灣經濟在重新建構和提升科技水準方面已面對了一個新的挑戰,目前亟需克服的困難和障礙或許不比過去嚴重,而過去的確實已經解決了。

　　而這些重要的論述將在魏萼教授這部著作中呈現出來。(亞洲與世界社馬瑜明譯)

馬若孟

史丹福大學胡佛研究所資深研究員
臺灣大學經濟系客座教授

評　　介

　　目前，臺灣奇蹟式的經濟發展經驗已是公認的事實。許多不同領域的學者，都已經對這個資源匱乏、人口過多，又受中共強大軍事威脅的小島，何以能從 1950 年代動盪的政經環境中穩定下來，並將貨幣與資源適當導引以促進經濟發展的過程，提出了許多解釋。本書作者，魏萼教授——臺灣經濟方面學識淵博的專家，也曾是兩任經濟部部長的顧問，建議我們要了解臺灣經驗可以同時從政府的經濟角色與儒家資本家文化兩方面下手。他強調，關於「資本主義」概念本身，特別是自二次大戰後的開展，我們需要有一個新的了解。他提醒我們注意一項事實，即當代的資本主義是社會資本主義，此與傳統的自由放任資本主義不同。因為政府在公共支出、公共福利以及經濟的直接參與上，扮演著越來越重要的角色，不過這並不違背資本主義私有財產和自由市場的理論基礎。

　　魏教授從一般的觀念——儒家文化與資本主義之間的對立著手。所引用的例子不只是臺灣，尚包括日本、南韓、新加坡及香港等包含於儒家文化圈的國家。魏教授表示儒家文化下的政府提倡的是政府和人民的分工合作，而非為阻礙經濟發展的來源。政府官員的角色是為國家服務，而人民則有責任努力工作以促進繁榮。某種程度上，這包含了政府積極參與創造所謂的良好投資環境，以便讓私人有正面的回應。接著，他詳述了臺灣政府所採行的方法，而

且也提到　國父孫中山先生經濟思想的理念──孫中山先生提倡強而有力的政府角色，但是也鼓勵本地及國外的私人資本投資。

　　魏教授認爲，臺灣經驗雖然不是沒有缺點，但它還是對其他開發中國家提供了有用的參考經驗。從這個觀點來看，他的研究充滿著刺激性的議論，值得吾人深入探討。（亞洲與世界社楊佩綸譯）

高棣民

加州柏克萊大學中國研究中心主任

台灣地理經濟鳥瞰

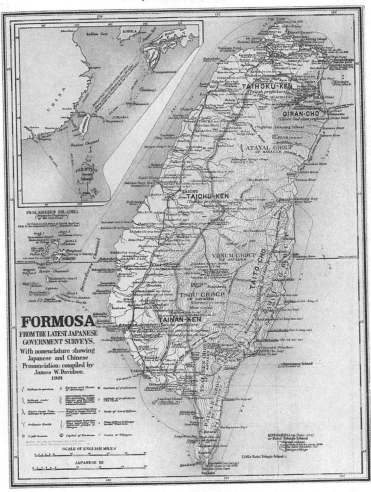

資料來源：James W. Davidson, The Island and Formosa: Past and Present,
台北，南天書局有限公司，民國 77 年 10 月影印。

台灣工業園區位置圖

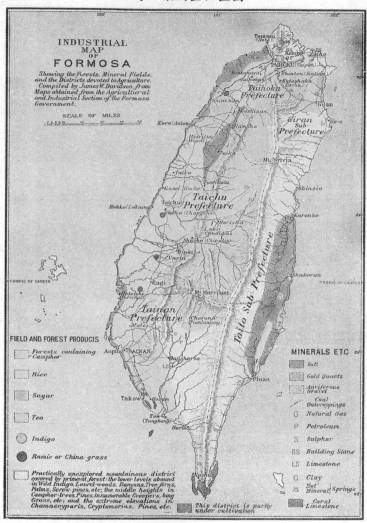

資料來源：James W. Davidson, The Island and Formosa: Past and Present,
台北，南天書局有限公司，民國77年10月影印。

引　言

　　自從十八世紀以來，人們都畏懼資本主義的有害影響。雖然存在着許多誤解，但是資本主義的基本精神幾乎沒有什麼錯誤。從某種程度說，對資本主義的肆意攻擊已經改變與損害了資本主義的價值。可以明確地說，資本主義是一種具有市場競爭的經濟制度和一種私人財產所有制度。卡爾·馬克思(Karl Marx)的資本主義必然潰亡的預言所假設的資本主義固有弊端，並不是亞當·斯密(Adam Smith)的資本主義之「無形之手」理論的準確反映。今天，西歐和北美的經濟根據社會資本主義，或更為準確地說根據福利資本主義來進行，並已經調整與防止了伴隨傳統資本主義而來的弊病。

　　在 1949 年以後，臺灣和其它亞洲新興工業化國家，典型的儒家資本主義文化區域，其經濟都採用了自由市場競爭和財產私有制經濟體制的基礎；這種體制相似而不相同於西歐和北美的資本主義制度。自二次世界大戰後，在儒家資本主義文化區域內，政府繼續在經濟中扮演積極的角色。

　　1979 年後，在資深領導人鄧小平領導下，中華人民共和國強調提出「建設具有中國特色的社會主義」，換言之，即中國式社會主義。此中國式社會主義觀點是對 1979 年前的經濟思想的調整。以前是堅定的馬克思—列寧主義的社會主義，是建立在沙子基礎

上的，決不能在中國出現繁榮昌盛。雖然具有中國特色的社會主義竭力抓緊了中國文化和經濟思想的主流，可是繼續堅持四項基本原則：馬克思──列寧主義、共產黨領導、毛澤東思想和無產階級專政，但是和 1979 年前的經濟體制相比較，這還是一個極大的改進。

幸運的是，在 1949 年以後，臺灣經濟在蔣介石和蔣經國領導下，遵循著傳統的中國經濟文化主流並結合傳統的歐洲經濟文化主流的道路前進，導致了四十年來(1949～1989)驚人成功的經濟發展。相反，大陸中國的經濟體制未能確定成功之路。臺灣的經濟發展的經驗或許能爲中華人民共和國提供一種參考，至少提供某些引導。當然，臺灣經驗也有某些負面事例，這些可資借鑑，以防患於未然。

堅持走非──亞當·斯密《國富論》和非──馬克思《資本論》的道路，這個非亞、非馬的經濟思想就是說要以中國傳統的經濟思想和經濟制度爲主體，迎合時代市場經濟潮流，全力解決當前中國經濟的均富問題。

在 1949 年秋，蔣介石委員長把其軍政人員搬到臺灣，1950 年 3 月 1 日，他在臺灣省臺北市恢復中華民國總統職位，一直統治到 1975 年 4 月 5 日他去世爲止。以後，由副總統嚴家淦繼任總統，直到 1978 年 5 月 20 日蔣經國當選總統就職爲止。1984 年 3 月 20 日蔣經國再次被選爲中華民國第七任總統，一直到他 1988 年 1 月 13 日逝世爲止。副總統李登輝直接繼任總統職務，於 1990 年 5 月 20 日就任中華民國第八任總統。至此，蔣家和蔣氏國民黨信誓旦旦把臺灣作爲反攻大陸基地的統治，以及試圖以三民主義統一中國，即中國要在自由、民主與均富條件下達到統一，有待考驗。

　　在蔣氏四十年統治臺灣中，其卓越的經濟成就爲學者們及政治經濟決策者們所承認。什麼經濟政策在發揮作用？使這些經濟決策生效的適當時機是何時？爲什麼他們採取這樣獨特的經濟策略？如何實施此經濟策略及保證政策得到實施？臺灣經濟邏輯的作用及效果，均甚值得去檢驗和研究。

　　本研究報告集中在 1949～1989 年蔣氏關於臺灣經濟的經驗。四十年來，臺灣經驗的經濟哲學可以精述如下：堅持資本主義精神、自由市場經濟理論和私有財產制。而政府的經濟計劃則通過有組織的國有企業、政府部門及政策制定機構的獨特結合來引導臺灣的市場經濟。這就是傳統的中國經濟文化的實質。因此，蔣氏的臺灣經濟經驗可以被看成是「具有中國特色的資本主義」，或中國式資本主義。這是同中華人民共和國資深領導人鄧小平的方法，即具有中國特色的社會主義，形成直接的對照，但其邁向市場經濟的方向本質上則爲一致的。

　　在 1949～1989 年期間，臺灣國民黨政府究竟扮演了什麼角色和起了什麼作用？這些角色的性質是什麼？國民黨政府制定與建立了何種經濟政策與體制？採用什麼經濟哲學與概念？臺灣政府以什麼程序制定政策和建立體制結構？誰是決策者？誰被以爲是最佳的經濟政策制定者？如何執行這些經濟政策及執行的結果怎樣？當執行經濟政策得到相反結果時，臺灣政府如何進行調整？我擬對臺灣經濟發展史進行詳盡的研究中，將這些問題都進行了考察與論證。

中國式資本主義
——臺灣邁向市場經濟之路

目　錄

圖表目錄

第一章　臺灣經濟——序論

第一節　1949～1989 年臺灣經濟發展概觀

地理特徵　中華民國臺灣總面積 36,000 平方公里。本島 1989 年人口爲二千一百多萬，每平方公里有 559 人，爲世界上人口密度最大區域之一❶。在八十年代，人口增長放慢，1989 年人口增長率降到 1.1%❷。

臺灣是一個地形崎嶇的島嶼，沿東海岸有一條隆起的山脈。本島四分之一弱的面積爲可耕地。但亞熱帶氣候適於全年耕作，且稻米、甘蔗、甜薯、茶葉、香蕉、菠蘿、蘑菇和蘆筍等可一年多熟。

臺灣雖有一些煤炭、石灰石、大理石、白雲石等礦藏，但礦產資源並不豐富。在西海岸發現有天然氣，勘探結果前常令人鼓舞。臺灣面積的三分之二爲森林覆蓋，但由於這些資源儲量少，質量低劣和不易進出，因而其利用受到限制。

經濟的增長　在土地改革順利完成後，於 1953 年推行第一個四年經濟發展計劃，激發了本論著所研究的 1949～1989 年這一時期內持續迅速的經濟增長。表 1 之 1 說明了臺灣國民生產毛額增長的情況。隨著國民生產毛額的增長，平均國民生產毛額也有所增長。1949 年臺灣

的平均生產總值還不到 100 美元, 而 1989 年則達到 7509 美元❸。1992 年則已超過 10,000 美元, 1989 年以後的臺灣經濟非爲本研究的範圍。

表 1 之 1　　1949～1989 經濟增長率

　　　　　　　四十年的增長: 臺灣的國民生產毛額與平均國民生產毛額

	1950s	1960s	1970s	1980s
國民生產毛額增長率	8.1%	9.1%	10.2%	8.2%
平均國民生產毛額增長率	4.8%	6.2%	8.1%	6.8%

　　資料來源: 經濟建設委員會,《臺灣統計資料 1990》(臺北, 經建會, 1990), 第 181 至 189 頁。

　　價值趨勢　　價格穩定是臺灣政府經常關注的問題, 並且大大有助於經濟持續地增長。在五十年代物價混亂以後, 六十年代得到了穩定, 那時每年消費品價格平均增長 4.8%, 批發價格年平均增長 3.1%❹。在七十年代, 猛烈的國際通貨膨脹使得每年物價上升高達 8.2～8.9%。八十年代初的工資螺旋上升由於嚴重的世界範圍的衰退而得以緩和。八十年代, 石油和原料價格大幅度下落時, 消費品價格平均降低 0.2%, 批發價格則降低了 2.6%❺。

　　收入分配　　在臺灣迅速的經濟增長中, 收入的增長隨之改善了收入的分配。表 1 之 2 詳示了四十年來在收入分配公平方面的戲劇性改進。

表 1 之 2　所得分配(全部人口中上層 20% 與下層 20% 之間的所得差別)

1952	15	比	1
1970	4.58	比	1
1981	4.29	比	1
1989	4.8	比	1

資料來源: 經濟建設委員會,《臺灣統計資料 1990》(臺北, 經建會, 1990), 第 62 頁。

勞動力和就業　從 1949 到 1989 年, 這四十年是臺灣勞動力變化的階段。進入就業市場的婦女數量的增加改善了婦女就業的機會, 以及尋求更多的受正規教育時間的男人的數量也在增長, 所有這些在轉變階段都起著重要的作用。在 1985 年及以後的幾年中, 兩種性別的失業率降至幾乎相同的水平。1989 年, 尋求工作的男人只有 1.57% 和尋求工作的女人也只有 1.55% 沒有就業❻, 見表 1 之 3。

表 1 之 3　男女就業情況 (占就業年齡人口的百分比)

	男	女
1965	81%	31%
1985	73%	42%

資料來源: 經濟建設委員會,《經濟發展, 中華民國臺灣 1990》(臺北, 經建會, 1990), 第 11 頁。

經濟的結構變化導致農業勞動力就業份額的急劇下降。表 1 之 4 和表 1 之 5 顯示了在臺灣經濟增長時就業形勢的改善情況❼。

表1之4　農業勞動力（農業工人占勞動的比重）

1965	47%
1985	18%
1989	13%

資料來源：經濟建設委員會，《臺灣統計資料1990》（臺北，經建會，1990），第4頁。

表1之5　失業率占全部就業人口的百分比

五十年代	2.5%
六十年代	1.1%
七十年代	0.98%
八十年代	1.22%

資料來源：經濟建設委員會，《臺灣統計資料1990》（臺北，經建會，1990），第4頁。

其他特點　刺激存款、節約、物價穩定以及持續迅速增長相結合，使臺灣的中華民國成為全世界存儲率最高的地區之一。自1972年起，每年均達國民生產總值的百分之三十多❽。

迅速工業化戲劇性地改變了臺灣的生產率。表1之6中的統計數字說明了在臺灣長期經濟增長中工業化所起的重要作用❾。

表 1 之 6 工業生產結構的變化（在臺灣經濟增長中農業與製造業重要性的比較）

	1952	1989
食品與紡織品	49.4%	15.9%
電子、機械和金屬製品	6.5%	43.6%

　　資料來源: 經濟建設委員會，《經濟發展，中華民國臺灣 1990》（臺北，經建會，1990），第 9 頁。

　　驚人的經濟增長給臺灣人民帶來了中國歷史上空前的富裕。因為花在食品方面的錢減少，人們就把其收入增加的大部分投向住房、教育以及休閒活動。參見表 1 之 7。

表 1 之 7 家庭食品及消費預算（用以購買食品費用占家庭開支的平均比重）

1965	48.7%
1989	25.7%

　　資料來源: 經濟建設委員會，《經濟發展，中華民國臺灣 1990》（臺北，經建會，1990），第 9 頁。

　　為了經濟結構調整與繼續發展，臺灣主要依靠教育與訓練以提供發展所需的熟練勞動力。為了大步提高勞動者的技術水平與文化水平，臺灣政府發動了一場有力的消除文盲運動。至 1989 年，文盲數占總人口的百分比，由 1949 年的 40.25% 降至 6.8% ❿。

在臺灣，如同在大多數工業化的社會內一樣，政府承擔了總的社會福利的責任。政府的擴大了的社會作用在這些課題範圍內是很明顯的：為工人、政府僱員及其家屬、教師、軍事人員、貧民、殘障人士及老人提供福利或救濟。在 1989 年，臺灣社會福利系統對全國超過百分之二十五的人口，諸如生孩子、受傷、生病、年老、死亡與喪失能力的人提供一定費用。社會保護支出在政府預算中占有重大部分，在 1989 年財政年度中，計占政府各類支出的 11.5%❶。

第二節　經濟發展策略的歷史性分析

1949 年國民政府遷至臺灣，並控制了第二次世界大戰後的臺灣經濟，立即著手改革土地制度。1953 年開始了六個「四年經濟發展計劃」的第一個。以後，又有 1975 年開始的「六年計劃」和 1981 年開始的「十年計劃」。

從 1949 年到 1987 年，生活水準有極大改善，國力也相應加強，極好地建立了經濟潛力。臺灣政府應付了客觀環境的複雜性，以確定經濟發展策略和目標，從而證明生產性經濟的建設是成功的。當然，對不可避免的問題與錯誤也做了調整。

臺灣經濟發展史可分為兩部分。在 1970 年以前，重點是提高經濟增長，改善生活水準，還要加強國力和國際間的經濟關係。在 1970 年以後，外部經濟起了急劇的變化，臺灣必須去適應。臺灣是如何置身於國際經濟混亂外而不受其影響的呢？這兩個經濟時期之間的不同點在於 1970 年後努力實現經濟上的獨立，從而避免了國際環境變化所帶來的問題的影響。

從 1949 年到 1989 年，臺灣的基本經濟建設政策是：㈠面對價格

波動，加速增長以創造一個經濟穩定的基礎；㈡在經濟增長時期中縮小貧富之間的收入差距，強調財富的公平分配；㈢使農業、工業和商業諸方面相結合，以便同時發展。農業是國家的基礎(以農立國)，滿足國家糧食需要；工業使國家強盛（以工強國）；而商業使國家富裕（以商富國）。三者必須同時發展，缺一不可。

臺灣利用國際貿易以擴大農業與工業經濟的生產。農業與工業又發展了對外貿易。在自由貿易原則指導下，臺灣努力於平衡進口與出口，使產品多樣化並獲得所需原材料進口來源。在變化不定的客觀環境中，對政策的調整堅持基本的經濟策略⓬。五十年代，臺灣的政策著重於農業生產。政府的經濟政策是追求農業豐收、增加就業和爲工業發展打下基礎。

六十年代臺灣的經濟政策則著重工業化，致力於輕工業、勞動密集工業和提高農業的工業化程度，以便準備好農產品的出口。這項政策鼓勵了增長，增長了外滙儲備，激勵了未來的發展，並爲石油化學工業、重工業和技術密集與資本密集工業打下了基礎。臺灣政府並實行另外的策略以發展技術密集與資本密集的產品。

七十年代的政策促進了國際貿易以加速農業及工業的發展。政府提供技術及其它工業基礎，在農業現代化的同時發展技術密集與勞動密集類產品。七十年代引進了一些自給自足的模式，以建立一個不受國際混亂影響的經濟體系。

八十年代的政策著重於生產技術密集與資本密集的產品以增強經濟實力。貿易與經濟自由化政策也是有益的。制定各項政策均在於追求提高生活水準和實現一個已開發國家的繁榮⓭。

從 1949 年到 1989 年，每一個十年都要求有不同的工業發展戰略：從農業到勞動密集工業，再到技術密集與資本密集工業。使一個經濟

落後的國家逐步發展變成一個新的工業化國家。四十年來的經濟發展戰略推動臺灣一步一步地前進。

第三節　人民創造的財富

臺灣的經濟發展之關鍵在於它的經濟制度。自由市場與私有制的經濟基礎允許人民去賺錢。當人民發財致富時，國家就會富裕起來（民富國強）❶。許多社會主義國家的經濟增長速度低，是因爲它們不理解傳統中國文化的基本經濟哲學：把財富貯存於人民之中（藏富於民）。

國民黨政府致力於建立一個良好的競爭環境，在此環境中臺灣人民能夠積累財富並建立其經濟實力。在四十年中，許多開始一無所有的人變成了富有的企業主。通過多年的勤勞努力，平地起家建立起一番事業。許多個人開始時僅爲中小業主，都先後創造和積累起財富。

整個經濟又反映了個體事業的成功。正如亞當·斯密(1723～1790)在其《國富論》中所描述的一樣，國家依靠人民的財富積累起本身的財富 ❶。斯密相信有一隻看不到的手，起著推動經濟向前發展的重要作用，讓他們按照自己的意志去幹。人們在這隻看不到的手的作用下去追逐他們自己的利益。他們賺錢並積累財富。國家的作用就是創造出鼓勵追求個人利益的適當環境，從而創造國家的財富。臺灣就是亞當·斯密學說的突出例子。臺灣經濟發展的行動者就是臺灣人民。如果人民富裕起來，那麼國家也就富裕起來了❶。在 1989 年末，臺灣擁有 760 億美元的外滙儲備，僅次於日本。1992 年臺灣則擁有外滙高達 865 億美元，高居世界第一位，惟 1989 年以後的臺灣非爲本研究的具體範圍，在此不加贅述。

政府負責建立起一個良好與健康的自由市場，即完美的經濟競爭

環境，就帶給它以政治穩定與社會有序的結果。社會公正與國家安全為人民提供了謀利掙錢的環境。臺灣人民在政治有序、社會穩定的體制下積累了財富，相信他們的收益不會失去，就樂觀地熱衷於謀利賺錢。當政府提供了有利的環境時，人們就會最大限度地發揮潛力去創造財富。

　　五十年代早期的社會政治與經濟條件對私人領域發展來說尚不充分具備，增加政府的參與是很必要的。其後形勢逐漸變化，在六十年代、七十年代和八十年代，私人領域不斷擴大，變成了臺灣經濟的重要組成部分⓱。

　　發展中的拉丁美洲、非洲和東南亞各國政府並沒有達到亞洲新興工業化國家那樣的水平。因為他們未能提供真的自由市場和良好競爭經濟環境，經濟增長速度很慢，物價不穩定，而且收入分配也不公平，問題頗多。當實業界與政府合作共謀時，又同床異夢，各自追求自己的利益。這樣的功利主義並不關心社會。腐敗與欺詐造成不公正社會，會形成富可敵國而貧無立錐。自謀私利的實業界操縱著物價，造成了經濟不穩定與社會不公正。當政府未能發揮其經濟警察職能和維持社會正義與政治穩定時，不健康的環境也就不能提供一個社會公正的自由經濟制度，人民不去工作以積累財富。不同的政府作用說明了：為什麼當亞洲新工業化國家如臺灣等都得到經濟發展時，其它發展中國家卻沒有機會創造出經濟奇蹟。

　　臺灣政府敢做敢為地向人民提供發財致富的機會，不僅允許自由競爭的市場經濟存在，臺灣政府還通過政策安排，積極創造機會，去鼓勵私人經濟的發展。臺灣的經濟計劃推動下輔之以貨幣與財政刺激政策的制定⓲。

　　臺灣的經濟計劃是一個建立在自由市場經濟體制基礎上的經濟計

劃，政府則爲幫助人民致富起著積極的作用。自由市場經濟的經濟計劃同計劃經濟的極權控制截然不同。過去蘇聯和中華人民共和國的社會主義政權計劃它們的經濟，但不懂得經濟計劃的本質。計劃補充了臺灣的自由市場經濟體制的不足，但是並不換掉自由市場經濟的本質。扶植私營領域實業的貨幣與財政政策起著鼓勵措施的作用，在五十和六十年代，形成了臺灣經濟的獨特部分⓳。

國有企業是臺灣經濟計劃的組成部分。在國有企業中出現的弊病是經濟的管理問題而非體制問題，用科學與管理手段就可加以解決，如在七十與八十年代中國鋼鐵公司的優異管理所表明的那樣。從 1949 年到 1989 年，國有企業爲臺灣的經濟增長作出了貢獻，同時也爲穩定物價、收入公平分配和幫助解決失業問題等作出了貢獻。

第一章　註釋

❶ 經濟建設委員會,《臺灣統計資料 1990》(臺北, 經建會, 1990), p.5。

❷ 同上。

❸ 李登輝·中華民國副總統 (臺灣),〈中華民國·臺灣的經濟年代〉, 在第四次泛太平洋經濟與技術轉移管理會議 (1987 年 5 月 18 日) 的講話和經濟建設委員會。《臺灣統計資料 1990》(臺北, 經建會, 1990), pp.29～37。

❹ 物價督導會報,《年度商品價格統計》(臺北, 物價督導會報, 1990), 經濟建設委員會,《臺灣統計資料 1990》(臺北, 經建會, 1990), pp.181～189。

❺ 同上。

❻ 經濟建設委員會,《經濟發展·中華民國·臺灣》(臺北, 經建會, 1990), p.11。

❼ 同上, pp.11～12, 和經濟建設委員會,《臺灣統計資料 1990》(臺北, 經建會, 1990), p.14。

❽ 經濟建設委員會,《經濟發展·中華民國·臺灣》(臺北, 經建會, 1990), p.7, 和經濟建設委員會,《臺灣統計資料 1990》(臺北, 經建會, 1990), p.56。

❾ 經濟建設委員會,《經濟發展·中華民國·臺灣》(臺北, 經建會, 1990), p.9。

❿ 同上, p.23。根據官方統計, 在中國大陸的文盲仍有二億四千多萬人, 約占全部人口十一億四千萬的百分之二十二。

⓫ 同上, p.41。

⓬ 這是孫文主義的本質。

⓭ 李登輝, 見前註, p.5。

⓮ 《論語》(張文慈譯),《中國哲學原始資料集成》(普林斯頓·新澤西·普林斯頓大學出版社), pp.48～58。

⓯ 亞當·斯密,《國富論》(倫敦: 勞特里奇, 1913), pp.541～644。

⑯ 同上。

⑰ 經濟建設委員會,《臺灣統計資料 1990》(臺北, 經建會, 1990), pp.86～89。

⑱ 1960 年獎勵投資條例的制定是把國內資本與國外資本引向生產性投資所走的一大步。

⑲ 同上, 將在第三章中作深入討論。

第二章　臺灣經濟模式

第一節　形成臺灣經濟發展模式的途徑

　　從七十年代末起，包括社會主義集團國家在內的世界經濟學家一直在探索臺灣奇蹟的秘密，這個奇蹟在於不利於增長與發展的經濟條件竟然堅持下來❶。何以如此？學者尚未能發現完整的答案，但他們都承認臺灣卓越的經濟成就的事實。

　　過去四十年來，障礙與國難不斷出現，臺灣克服了許多不利因素，包括缺乏自然資源。國內能供應的能源，如石油、太陽能和煤炭等只占總需求的百分之二十左右❷。對於經濟發展來說，人口密度大成為另一不利因素❸。臺灣是海島經濟，嚴重依靠對外貿易、政治和外交地位的功能❹。臺灣的國際政治與外交關係是很不利的。在 1989 年，僅有 26 個國家同臺灣有正式外交關係。從 1949 年到 1989 年，臺灣的軍事負擔達到了天文數字，年度軍事預算平均占國民生產總值的百分之八多，或者說占整個預算的百分之四十五以上❺。

　　具有如此的不利條件，臺灣能夠創造經濟奇蹟似乎是難以想像的。但是，臺灣取得了具有物價穩定與收入分配平等的經濟高速增長。這些目標能同時取得是十分不易的。學者們在尋找臺灣成就的無從捉模

的關鍵(金鑰匙)。本書試圖搞清其神秘之處，爲其它發展中國家提供一種模式或參考。臺灣在發展道路上確曾遇到不少困難，但是，這個國家的成就已被全世界經濟學家和經濟決策者們所承認。

國民黨政府的官員們把臺灣成功的經濟政策歸之於三民主義或民生主義，這是中華民國國父孫中山博士的哲學理論。臺灣政府是否採取了同孫中山先生思想相一致的具體經濟政策呢？經濟學家們很難判定那一項政策是堅持孫中山先生的經濟哲學的。有時候經濟哲學首先出現，而經濟政策隨後產生；另外時候，則先制定某些經濟政策，然後再使之符合某些經濟哲學。去判定該經濟政策同孫中山先生經濟哲學之間的相互關係的程度是很困難的，但是國民黨依然繼續宣佈孫中山先生哲學思想爲臺灣經濟政策的公認的指針。

臺灣最強大的反對黨——民主進步黨(DPP)把臺灣經濟發展與1895 年到 1946 年日本統治時期打下的基礎相聯繫 ❻。民進黨特別指出創造臺灣奇蹟是臺灣人民的艱苦努力所致❼。

中國共產黨聲稱：臺灣經濟的成功是接受大量外國資財如美元幫助的結果。政府官員們把大宗錢財、機器和技術人員從中國大陸運抵臺灣 ❽。中國共產黨也指出，在殖民時期，日本人建立了基礎。中國共產黨人把臺灣的經濟成功歸因爲：日本人所「丟」下的臺灣的資源和原材料，國民黨所「帶」去的，美國人所「給」的，和臺灣人民所「賺」的，「丟」、「帶」、「給」、「賺」四個字❾。

第二次世界大戰以後，日本人返回日本，留下了臺灣的經濟基礎。美國在五十年代和六十年代初給予的援助，對臺灣的成功做出了貢獻❿。勤勞的臺灣人民也對臺灣的發展貢獻巨大。但是，這些具體說明都未提國民黨對經濟發展所做的努力，民進黨和中國共產黨都忽視了國民黨在臺灣成功上所扮演的角色。臺灣的成就很大程度上要歸功於國

民黨政府對於創造經濟奇蹟所選擇與執行的正確政策❶。

在二十世紀八十年代中，學者專家諸如：吳元黎(Y.L.Wu)❷、陳坤耀(Edwar Y. Chen)❸、費景漢(John C.H. Fei)和湯姆·墨子刻(Thomas A. Metzger)❹、羅德利克·麥克法夸爾(Roderick Mac-Farquhar)❺、金耀基(Yao Gee Kim)❻、杜維明(Wei-Ming Tu)❼、戴鴻超(Hung-Chao Tai)❽，及其它學者都同意，臺灣的經濟發展多少同傳統的儒家文化密切有關。這個觀點同另一批學者的看法正相反，如：麥克斯·韋伯(Max Weber, 1864～1920)、胡適(Hu Shih)、陳獨秀(Chen Duxiu)以及「五四」運動的學者們❾。這後一部分學者未體認到1949年後對臺灣經驗和儒家資本主義文化地區研究的好處，而指責中國文化是一種障礙；傳統中國文化特別是世俗化儒家學說有害於經濟的發展。世俗化儒家有兩部分：其一為世俗社會化儒學，另一個是世俗政治化儒學，兩者均屬世俗化儒學，都被認為對經濟發展有害。

儒學已存在了二千多年，長期以來，政治家們和俗人歪曲了儒學的真實本質。他們通過政治上的官僚主義和觸目驚心的經濟浪費進行歪曲。但臺灣的顯著經濟成就依然出現，這是由於傳統的中國儒學和日本五十一年殖民統治時的西方文化相互交叉影響起著部分作用，西方文化的注入使世俗化儒學得以淨化。

亞洲四小龍：臺灣、香港、新加坡和南韓等有著共同的歷史，都曾是殖民地。是不是殖民地遺留的東西與中國文化相結合構成一種新的經濟發展的文化呢？中國的沿海城市廈門、上海、青島、威海衛和大連等的大部分都是些取得經濟成功的外國佔領過的地區。這些成就是不是傳統儒家文化同非中華文化相混合的結果？在明治維新（傳統的儒家日本文化同非日本文化相結合）之後，日本經濟的發展形成了

1868 年後一個新時代的來臨❷。在中國歷史上，漢朝和唐朝政府的強大，似可歸因於漢朝的儒學同波斯與阿拉伯文化的混合和唐朝的中國儒學與佛教文化的混合。

臺灣、香港、南韓與新加坡等儒學地區都缺乏自然資源。自然資源的短缺可能招致不安全，同時也驅使人民去努力工作❷。辛勤勞動刺激與發動經濟發展，周而復始，導致經濟上出現奇蹟。請看以下各例：

在美國的猶太人控制了美國經濟的重要部分。學者們假定，在猶太人中存在一種經濟不安全感。他們沒有自己的祖國，安全沒有可靠保證，所以努力工作發財，通過財富積累以求安全。這個行動促使進一步的經濟發展❷。這無疑打開了一個有趣的討論範圍。

為什麼臺灣與亞洲新興工業化國家能取得成功？最重要的因素可能是經濟思想。自由市場競爭經濟與私有財產體制建立了經濟發展戰略的基礎。

是什麼促使國民黨很早決定採取在臺灣實施自由市場經濟與私有財產體制？國民黨是否從最初就決定遵行孫中山的經濟政策，即三民主義；或者是否由於臺灣人民及其對於 1947 年 2 月 28 日事件，即「二‧二八」事件的反應促成了自由市場經濟與私有財產體制❷？

一、臺灣經濟中的國有企業

國有企業起著積極作用。在臺灣經濟發展中，國有企業證明是很有用的。一個國家要有公有企業，而且合適的數量極為重要。如果社會上有太多的公有企業，則資源調配與經濟效益差的問題就會隨之出現。但是，如果沒有足夠數量的公有企業，私人壟斷不可能創造良好的經濟❷。

　　二十世紀的資本主義已不是傳統式的資本主義。第二次世界大戰後，當代資本主義經受了大量的修正。當代資本主義是社會資本主義，它繼續強調私有財產制、自由市場經濟和市場機制的重要性，但是也包含有公共支出與公共福利政策的積極作用。第二次世界大戰後的資本主義國家政府是一些執行積極公共政策而不損害資本主義的政府，包括執行公共支出與公有制企業政策的政府。社會資本主義強調在資本主義經濟中的社會福利成分。

　　在臺灣，公營企業並未替代私有企業，只是資本主義和私有企業經濟功能的補充。公有企業補充私人經濟，如《易經》的陰陽兩極極佳地混合和相互協調。當臺灣經濟增長時，私有化過程加強了私有企業的重要性；但私人企業不可能完成經濟的全部功能。為取得最佳結果，某些公有企業的存在是很必要的。

　　政府經常進入個體業主不可能進入的企業領域。公有企業填補了這些空隙。在臺灣經濟發展和自由化的整個過程中，私營領域所占國民生產總值的份額不斷增長。雖然在臺灣重要的私有工業依然是中小規模，但其重要性日益提高[25]。據統計，約百分之九十五的私有企業是中小型的[26]。這是臺灣獨特的企業文化現象，有待進一步討論。

　　一個僅是中小型工業企業文化是不好的，特別是在臺灣需要私營領域投資到資本密集與技術密集的製造業方向的時候。政府的政策必須適當安排重工業，並引導私有經濟的活動。就這一點而言，政府擁有的企業要站到最前列去創造有利於整個國家的經濟結構。

　　一個國家對公有企業要經常不斷進行調整以便其在經濟發展中起積極的作用。在某一經濟關鍵階段，公有企業將回到私有領域，因為私有化是臺灣經濟政策本質的一種自然現象。公營和私營企業在經濟上需要有一種最佳混合。那類企業應占多少百分比？為了判定最佳比

例，國家的政策是必要手段。這種最佳混合的專題討論將在第五章中繼續進行。

第二節　儒學與臺灣的資本主義經濟

儒家文化圈　在第二次世界大戰後，儒家文化圈，同樣以筷子文化圈著名於世，取得卓越的成功。日本、南韓、新加坡和臺灣的經濟成就歸因於儒家文化圈的聲望。儒家文化圈也包括中國大陸、北韓和越南，雖然這些區域未曾取得類似的成就。事實上，儒家社會主義經濟區域呈現爲儒家資本主義經濟區域的對立面。

儒家資本主義經濟區域採取了自由市場經濟而獲得經濟成功。儒家社會主義區域採取一種計劃與控制經濟，他們的經濟成就和儒家資本主義經濟區域不能相比。儒家資本主義成功的主要原因是家族集體意識。家族集體一致觀是家族作爲一個經濟單位的觀念。家族成員爲了家族的利益工作，首先要保護家族的利益，其次是親友，再次才是整個社會。儒家文化反映家族在東亞國家內的重要性。

儒家資本主義文化的另一個特徵是教育的重要性。儒家資本主義區域內的人民重視教育，並認爲學者及知識分子是上等階層。因此，在儒家資本主義區域內富有人力資源而非自然資源。許多缺乏自然資源的儒家資本主義區域，由於具有大量的人力資本資源而得以繁榮昌盛。

一、儒家文化和資本主義經濟發展

第二次世界大戰後，五個儒家資本主義區域內的經濟成就同麥克斯·韋伯的預言相反。韋伯的學說指出：基督教國家之所以經濟發展，

是因爲基督教義包含有資本主義的精神❷。基督教文化積極主動地支配經濟去改變社會。韋伯把這種最佳的進步的世界觀同經濟發展相關聯。文化價值觀如勤勞、節約、創造力與爲人類服務❷，是推動歐洲資本主義社會發展的理性因素。

對韋伯來說，儒家社會缺乏資本主義的精神。他認爲儒家國家缺少進取性，而且它們的行爲也較少理性。儒家的教義不能導致經濟發展。韋伯的意見是偏頗的，他的知識僅限於他那個時代的（第二次世界大戰前的）中國、韓國及其它落後的亞洲各國的經濟。那時亞洲經濟文化是像韋伯所描述的那樣。但他 1920 年就死了，遠在第二次世界大戰後儒家資本主義的成功之前。他的結論證明是不正確的❷。儒家不是宗教，而是一種道德教育和社會倫理規範。

或許，韋伯不曾研究過原本的有益的儒家學說的內容。資本主義精神獲益於基督教的價值觀；創造力、節儉、個人主義、服務觀與勤勞。資本主義的教義與精神之間的關聯在儒家哲學中也有發現。儒家教義具有資本主義的相同的精神，而且儒家文化遠早於西方資本主義經濟的發展。在這一點上學者們有不同的看法：一些人同意韋伯的觀點❸，其他人則不同意❸。韋伯沒有發現儒學的眞諦，他對儒家文化的曲解，使得他的思想被攪亂了。

許多人譴責這個事實：即世俗化儒家學說把學者與知識分子(士)列爲首等，其次是農民（農），再次是工人（工），最後爲商人（商）。在這個順序內，「四民」中，士第一，列首位，商人則被置於社會底層。於是，儒學表現爲卑視商人與反對資本主義精神，阻礙經濟發展。世俗化儒學把商人置於社會底層，可能損害經濟發展，但是我應進一步對這個概念進行解釋，以防止關於儒學的不幸誤解。

最初的儒學強調分工，「君子喻於義，小人喻於利」❸，這意思是：

政府官員使自己負責社會正義，百姓則追逐自身利益。兩者起着不同的作用，即各司其職。政府官員促進正義以最好地服務於國家，人民努力工作，創造財富以貢獻於經濟，這是勞動分工。社會世俗化儒學家歪曲了儒學在這方面的眞正含義，把「君子喻於義」解釋爲紳士（而非政府官員）同正義有關；「小人喻於利」的意思則是低階層、下等人（而非指市民）追求謀利。這種世俗化儒學家的解釋是完全不正確的。社會世俗化儒學誤解了儒學本義。這種思想有害於經濟發展，絕不是眞正的儒家學說。

在錯誤導向的思想與不正確世俗化儒學的氣氛中，麥克斯·韋伯爲什麼認爲儒家社會缺乏資本主義精神就可以理解了。因爲韋伯不曾去考察眞正的原本的儒學，而卻探索了儒學思想的錯誤成分。他的判斷與結論就不能正確。眞正儒家社會重視事業，並要求人民去追求利益，爲他們自身，並最終爲國家謀利。

韋伯的哲學思想類似於亞當·斯密的《國富論》。《國富論》描述無形之手如何鼓勵個人積累財富去創造國家的財富。韋伯看重資本主義的本質是以理性的工作敎義與人民行爲爲基礎的。儒家的資本主義和亞當·斯密的學說相似，但其主要區別在於亞當·斯密的古典理論是從個人觀點來評價經濟的合理性的。在儒學內，認爲經濟的合理性來自集體價值的和諧，不只是個人，而是社會整體。

儒家文化表現了資本主義的精神，並對第二次世界大戰後的經濟發展起了積極的影響。儒學包含了與麥克斯·韋伯所認爲有利於西歐經濟發展的基督敎精神相類似的資本主義精神。

其它學者們曾誤解了儒學的本質，例如，已故哈佛大學的中國專家費正淸，他在形成他的有關封建主義的理論時，就錯誤解釋了眞正的儒學❸。中國確有封建的歷史，但是封建主義只是中國政治歷史的

一個組成部分，並不是其經濟歷史。歐洲的封建主義存在於一種社會經濟意識之中，但此種意識與中國歷史上的政治封建主義並不相同。

許多人對儒家文化和經濟發展之間的相互作用存有懷疑。為支持我的論點，請再看一個例子。東南亞國家的華僑取得了在東南亞人民中突出的經濟成功。試想一下，如果菲律賓人、馬來西亞人或者印度尼西亞人移居到臺灣、香港、南韓或日本，這些人能創造一個經濟奇蹟嗎？如果這些人移居到臺灣、南韓、香港或日本，專家們將懷疑他們能否表現出儒家文化群體那樣卓越的經濟成功。回答應該是否定的。他們不可能創造一個經濟奇蹟。這證明了文化在經濟發展中的重要性 ❸❹。

在西歐資本主義經濟發展史中，重農主義學說、重商主義學說、古典以及新古典的學派和凱恩斯的新經濟學等等，基本上都遵循自由經濟體制。但是，資本主義經濟逐漸較多依靠內部和外部的社會經濟環境來判定需要政府介入的程度。重農學派強調經濟的自由放任主義學說，而重商主義者則注意政府的作用，主張政府制定政策，擴大貿易順差，積累金銀儲備。古典學派由亞當‧斯密的古典主義演變而來，發展為艾爾弗雷德‧馬歇爾的新古典主義及以後的約翰‧凱恩斯的「新經濟學」。在每一個階段，政府的作用都不相同。在西方資本主義的幾百年中，已經證明不同的政府作用是有其價值的傳統。當代資本主義不是原始的資本主義，也不是任何以前的資本主義的一部分。當代資本主義是社會資本主義。

第二次世界大戰後的西歐、北美以及日本的經濟標誌着對傳統資本主義的調整。這個新型資本主義突出了政府的作用，特別是政府在自由經濟中的社會福利功能。這種政府和社會政策的結合可以稱為東方資本主義，或新資本主義。第二次世界大戰後，西歐與北美的資本

主義經濟與十八世紀和十九世紀的資本主義有極大不同，因此中國人應該重新評價西方的資本主義。

二、儒家資本主義經濟

第二次世界大戰後，東亞資本主義國家經歷了一場新的、和平的、沒有社會混亂的工業革命。東亞儒家資本主義區域：如日本、南韓、新加坡、香港和臺灣都得到了經濟上的成功。東方式的資本主義經歷了一次和平的工業革命，一種工業革命的新形式，它不同於十八世紀西歐的工業革命，它沒有造成社會混亂。

每個儒家資本主義文化區域的經濟發展各不相同。日本式資本主義是一個例子。新加坡城邦式資本主義、南韓朝鮮式資本主義、港九殖民地式資本主義和孫中山的中國式資本主義或者說臺灣的中國式資本主義等則是其它的例子。但是，這些類型是些什麼東西？爲什麼不同呢？

日本發展了一種傾向國家的儒家資本主義，那是一種縱貫面型的儒家資本主義。南韓與之相類似，它的經濟結構逐漸成爲另一個日本。中國的儒家資本主義區域（臺灣、新加坡、香港、甚至於東南亞的中國群體），則奉行一種橫斷面型的儒家資本主義。

縱貫面型儒家資本主義經濟有益於發展大規模工業社會，一種技術與資本密集工業生產的壟斷集團。橫斷面型資本主義經濟有益於發展中小型企業和貿易。日本和南韓的私營領域經營重工業生產技術密集與資本密集的產品。在縱貫面型儒家資本主義區域中，其經濟基礎是軍國的、強大與健康的。

臺灣則有所不同。臺灣政府必須在關鍵性工業中起主要作用。爲此理由，臺灣強調了國有與省有企業的積極作用。1990 年，南韓和日

本的私營大型工業提供了國民生產總值中相當大的比例。臺灣的私營工業均為小型或中型的，而大多數巨大的、重型的工業、技術與資本密集的工業均屬政府經營。下列統計數據說明在橫斷面型與縱貫面型儒家資本主義經濟發展之間的區別。在臺灣十個最大企業的生產約占其國民生產總值的百分之十，但在南韓，十個最大企業的生產則約占其國民生產總值的百分之五十❸。

與香港、臺灣甚為相似的東南亞海外華人社會的經濟，每個地方的華僑都集中致力於服務性工業或國際貿易事業。香港和新加坡在城島型經濟結構上不同於臺灣。這兩城島都曾是英國殖民地，都是典型的經濟上成功的前英國殖民地，但彼此之間也是不同的。新加坡人民自稱華人而不是中國人，新加坡人民有一種強烈的民族意識。

相反，香港人民認為自己是中國人。香港作了九十九年的英國殖民地，並將於 1997 年重新成為中國大陸的一部分。香港人民過去沒有機會去發展政治或社會活動；他們僅只追求經濟發展，把他們精力集中在實業與技術領域之上。香港人民只希望事業上取得成就，因為很少有其它選擇的機會。這或者是香港取得驚人經濟成就的另一原因吧！

三、中國人的儒家資本主義

傳統中國是定向為資本主義的亞洲經濟。臺灣的中華民國對孫中山的民生主義，建立在自由經濟體系基礎上的理論極為尊崇與感激。這種中國式資本主義着重政府的作用，並代表了傳統的中國經濟思想的歷史 ❸。中國人民要政府像調節機器那樣行動去調整自由經濟的若干弊病。在自由經濟體系中的政府作用並不損害資本主義的本質，相反地，政府的參與倒使資本主義更加健康與更加合理。政府的政策起

一個道德標準的作用，用以減輕社會道德情操方面的弊病。

中國的經濟思想萌芽於二千年前的道家。道家認爲自然爲自行其是，萬事順乎自然。道家的哲學近似重農主義理論。道家之後是法家，這種思想學派着重政府的作用，近似於重商主義。再後，出現了儒家、新儒家和以後孫中山的民生主義，即人民自由經濟。儒家與新儒家學說可以比之爲西方經濟思想的古典的與新古典學派。孫中山的實用自由經濟可以與凱恩斯實用經濟學相比。雖然特定的歷史具體細節相異，但是西方的經濟思想史則與中國的經濟思想史平行不悖 ❸。兩者都代表着資本主義的發展史。

中國的與西歐的資本主義之間的主要不同之處是中國集中注意於政府作用方面，特別是政府擁有的企業。傳統的中國哲學的一個重要信條是：中國人不怕貧窮，但對收入分配不公平則認眞對待。這種概念仍繼續強烈地影響着中國人民，他們想到西方資本主義的歷史就特別聯想到十八世紀與十九世紀的歐洲，那時富者太富、貧者太貧。貧富之間巨大的收入差距造成了社會問題，混亂失序，這引起中國人民的特殊關心。在這方面，中國的經濟歷史代表着不同的資本主義。

中國歷史的絕大部分是自由市場經濟的歷史，私有財產所有制的歷史。中國的自由經濟是資本家的而非無產者的經濟歷史。中國歷史可分政治的與經濟的思想範疇。從歷史角度看，中國的經濟哲學是建基於自由經濟之上的，它強調政府的作用，但並不損害自由經濟的精神。中國的學者專家們必須愼重考慮到中國的封建主義性質。從經濟上來說，中國的封建主義不同於西歐的封建主義，但是政治上則是相似的。中國的經濟思想歷史遵循的是一個資本主義自由市場經濟，而不是計劃指令性經濟。因此，毛澤東指出：即使沒有外國資本主義的影響，通過在傳統的中國封建主義社會中商品經濟的發展，中國也必

然會變成一個資本主義社會。資本主義是中國經濟制度的真正本質，而毛澤東則試圖改變它❸。

在中國，儒家、法家與道家經歷了兩千多年的變化。在這些學派中，儒家政治化了，被政客們濫用了，甚至在某些社會中被庸俗化和歪曲了。世俗化儒家❸被譴責為腐朽儒家，可分成兩部分：社會的與政治的兩方面。要記得世俗化儒家並未保持原始儒家的教義，並不具有原始儒家的純潔性。兩千多年來，許多儒家的不良方面被庸俗化了，並且這種政治化的變形歪曲了儒家的真正精神，也可能損害了經濟的發展。

中國式資本主義來源於三個方面的影響：其一是主流的中國傳統經濟思想：儒家、佛家、道家及法家；其二是主流西方經濟哲學；古典學派經濟、新古典學派及新經濟學派；其三，當前中國的經濟問題；如何消滅貧困，保持收入分配平等及解決當前的經濟問題。以上這些要點在中國式資本主義的三要素的最佳混合中又是如何相結合的呢？

過分強調傳統中國經濟思想的作用是危險的，因為這可能形成保守主義的經濟，並損害經濟發展的前進。過分集中注意主流的西方經濟哲學，也可能造成西方經濟危機的再現及過分的自由主義傾向。自由主義可能導致經濟不平衡。最後，過分強調當前的經濟問題將與利他主義對立而導致功利主義。功利主義將給新的經濟政策設置重重障礙。

正確的政策是那些能防止經濟出現不合理的政策。對中國式資本主義的三個影響應該適當地混合以避免過分的保守主義、自由主義或功利主義的出現。通過調整與減輕這三個弊端並保持穩定，臺灣的經濟就能夠同時實現成長與社會公正。經濟增長、物價穩定與收入分配平等是要同時達到的目標，國家的社會福利和經濟發展就能得到保證。

　　請注意以下各點：在中國經濟思想發展史中，存在着社會政策但不是社會主義。中國經濟思想發展史包含有自由市場經濟中的社會政策，一種社會資本主義的形式但不是社會主義。我願意闡明這個區別，以喚起中國專家們的注意。他們認爲中國經濟發展史代表着一種落後的經濟。

　　臺灣破紀錄的 1949 到 1989 年的經濟增長是中國經濟發展史中一個空前的獨特的例子。臺灣經濟發展的模式是什麼呢？學者們關於臺灣經濟制度的性質的看法各異。臺灣採取中國式資本主義並把此模式付諸實行。在臺灣的中華民國，由於過去的中日戰爭、內戰和國民黨政府腐敗，在 1949 年前不可能執行民生主義的經濟原則。在國民黨政府到臺灣以後，它宣布奉行孫中山先生的民生主義，特別是故蔣經國任總統時，他宣布民生主義是以自由經濟爲基礎的經濟模式❹。

　　雖然在政策付諸實施時心目中並沒有一個特定的民生主義原則，但是民生主義卻相當準確地描繪出了臺灣經濟發展的模式。一項政策一旦實施，就試圖把之歸因於孫中山的思想。某些時候孫中山先生的理論先行，政策隨之；某些時候先有政策，隨後聯繫到孫文思想。這是臺灣四十年的計劃自由經濟體制的一個有趣的方面，即中國式的資本主義。

　　在臺灣的自由經濟中，政府所起的是積極的計劃功能，但臺灣經濟與社會主義的計劃經濟是不同的。計劃經濟是極權主義政府控制的經濟，而臺灣的經濟計劃只是政府的指導。在社會主義計劃經濟與中國式資本主義之間存在着本質上區別。在中國式資本主義中，政府補充與加強自由經濟的基礎，而不是改變自由經濟的精神。經濟計劃不損害資本主義精神，相反的，卻使市場機制更有效地來促進資本主義的發展。

四、儒家文化與社會主義

　　考慮一下中國大陸的實例。1979 年以前與 1979 年以後，中國的政策有着較大的不同。1979 年，鄧小平政府採取了開放與貿易自由化政策。這個經濟自由化是 1979 年後馬列主義中國化的一個例子，它更多強調中國文化而不是馬列主義文化。中華人民共和國的領導人現在充分估價中國文化，他們看重中國文化超過馬列主義之上。儒家文化是中國文化的主流。在 1979 年以後，中國大陸的經濟與 1979 年前的相比較改善很多。在此之前的政策着重於中國文化的馬列主義型，是馬列主義中國化的逆轉。1979 年以前的經濟政策是把馬列主義置於中國文化傳統之上，這就是中國馬列化的意義，其經濟政策實踐的結果比較差。

　　1979 年後，中國大陸從中國的和儒家的文化中所接受的影響增多，中國的經濟發展也有所改善。兩個階段之間的對立是尖銳的。從 1949 年到 1979 年，中國文化馬列主義化與 1979 年的馬克思主義和共產主義中國化形成戲劇性的對立。中國文化的馬列主義化受到共產主義意識型態的很大約束。隨着馬列主義的中國化，經濟決策者們採取了一種較爲現實的態度。這就是高級領導人鄧小平的「貓理論」：不管黑貓白貓，能抓住耗子就是好貓。

　　1980 年後，中國共產黨的領導人開始適當對孫中山思想加以尊重，雖然他們把孫中山思想解釋爲中國式社會主義。中國共產黨人論述：民生主義原則符合中國式社會主義。這是他們的一個極可悲的錯誤。共產黨的中國式社會主義依據的是馬列主義思想，依然以計劃經濟爲基礎。生產用原材料、機器設備、工具儀器、土地等主要資產和商業企業都歸政府所有。共產黨的中國式社會主義是基於計劃經濟，

與臺灣的經濟制度不同。

臺灣是以自由經濟爲基礎的。生產用原材料、機器設備、土地、資金和企業的絕大部分爲私人所有。中國大陸的中國式社會主義與之截然相反。中國的歷史基本上屬於自由經濟。因此，共產黨中國的中國式社會主義曾與中國文化主流——儒家文化思想相背離的。在1979年以後，中國共產黨政府的確表示尊重孔子，但仍然把孔子置於籠統的中國文化當中，並不一定視其爲主流文化。兩者着重點的差異是臺灣與中國大陸經濟基礎之間的主要區別❹。

中國式社會主義與中國式資本主義完全對立。在過去四十年經濟發展中，中國共產黨採取了非常不同的經濟政策。1978年十一屆三中全會以後，中國共產黨對經濟政策作了重大修正，採取中國式社會主義以代替毛澤東在的「紅旗型」共產主義。這個經濟上的修正根本不同於1958年時毛澤東的三面紅旗階段❷。紅旗型社會主義是蘇聯從1928到1953年執行的史達林主義型社會主義的另一種版本。

1979年，共產黨中國政府採取了具有中國特色的社會主義，即中國式社會主義。這是一個以計劃經濟爲基礎，允許一個占百分比很小的私有企業及一定程度的私有制存在。個體戶可以擁有機器和設備。私營領域經濟被許可存在，但是個體企業仍然在計劃經濟的控制之下。共產黨中國政府把私有經濟放在作爲社會主義必需的補充位置上，但繼續堅持一個計劃經濟基礎。共產黨的經濟體制實質上依然如故，只是加上一些補救措施及政策，使經濟較爲穩健而已。

具有中國特色的社會主義（中國式社會主義）包含三個部分：

㈠**中國傳統上中國經濟思想史** 雖然中國共產黨人強調了傳統的中國文化，並接受儒家作爲傳統文化的一部分，但他們並不認爲傳統的儒家文化是中國經濟思想所必需的。

㈡**強調西方思想** 但不是西方經濟哲學的主流，而是馬克思社會主義的意識型態，即科學的社會主義，反對正統的西方自由經濟思想。

㈢**和中國式資本主義一樣** 即試圖去解決中國的經濟問題。但是，因爲中國共產黨人曾過多注意意識型態而無法面對現實，所以他們常常致力於解決現存的經濟問題，而不顧客觀性和合理性，存在着意識型態上的偏差。

舉例來說，一個意識型態偏見發生在共產黨中國政府的早期，合時合理的經濟目標應是首先促進農業生產。在農業基礎穩固以後，中國才能夠發展輕工業，最後發展重工業。按照經濟的邏輯，共產黨中國應與臺灣的經濟發展歷史同樣發展。但是中共從意識型態利益出發，違反了經濟邏輯。他們首先建立重工業，然後是輕工業，把農業置於末位，這是 1979 年以前經濟發展中的一個嚴重失誤。

在 1979 年以後，經濟發展的優先順序有所改變。當時中共試圖首先發展農業，其次爲輕工業，最後是重工業。他們沒有完全取得成功。重新調整經濟發展方向是困難的。在中國式社會主義之下，共產黨的政策不是很客觀的與很理性的。由此原因，中國共產黨經歷了經濟增長緩慢、物價不穩和收入分配不公等問題的困擾，並一再延續到九十年代。中國共產黨政府現仍在努力解決經濟上的瓶頸問題。

毛澤東的紅旗型社會主義很明顯是一種中國文化馬克思列寧主義化，造成了從 1949 到 1979 年的可怕的倒退。1979 年前後的對比表明了中國文化與馬列主義兩種極不相同的經濟發展的作法，特別是以中國大陸與臺灣相比較，反差尤爲明顯。

考察一下經濟思想的歷史和共產黨在中國大陸的經驗，則爲什麼在中華民國早期孫中山先生在他與蘇聯和托洛茨基分子聯合時候拒絕共產主義和馬列主義思想就很清楚了。1922 年 11 月，蘇聯派出代表越

飛（Abram Joffe）與舊北京政府打交道；1923 年 1 月 26 日在上海，孫中山和越飛發表的聯合聲明中稱，中國不採用共產主義❸。

孫中山宣稱馬克思主義的唯物史觀是一個錯誤，批評卡爾·馬克思在他的學說中錯誤解釋了唯物說，根本不提社會進化和歷史❹。孫中山十分肯定地說：社會福利與民生是社會進化的中心點，而社會進化則是歷史的中心點。一直到他去世為止，孫中山始終相信歷史的中心點是民生和社會福利，當然不僅僅是他們的物質福利。孫中山正確評價了馬克思的思想與哲學，但不贊成他的方法。

孫中山反對馬克思的階級鬥爭學說，認為階級鬥爭是反常，是社會病態。孫中山感到，馬克思在預言資本主義的腐朽並最終會助長無產階級這一點是錯誤的。孫中山並未接受馬克思主義的思想。傳統資本主義沒有社會政策，導致社會混亂失序，並成為腐朽的根源。孫中山提出了社會福利政策以實現社會正義，並防止資本主義腐朽。他的正確的福利政策包括必要的公共支出和公有制企業體系。

孫中山批評西方資本主義，但他肯定不拒絕資本主義。他想避免十八世紀與十九世紀西歐傳統資本主義的社會經濟問題。孫中山思想強調民生的重要性，主張通過實現社會政策來防止社會經濟騷亂。這就是中國式資本主義與傳統西方式資本主義之間的主要區別。兩者都注意到人道主義的合理性。西方型資本主義或者福利資本主義，是在社會經濟上的不公正出現之後才予以解決，而中國式資本主義則採取更積極的態度，制定各項政策，不讓社會問題有出現的機會。這是中國式資本主義與中國式社會主義之間的主要不同之處，也就是儒家型資本主義與馬克思主義的社會主義之間的根本區別❺。

中國共產黨所奉行的共產主義絕不是孫中山的民生主義。孫中山的民生主義是資本主義市場經濟和私有財產制為主體的一種形式❻。

在這裏我必須對孫中山先生的陳述即民生主義是民族社會主義，以及民生主義既是社會主義又是共產主義加以澄清，因為這些陳述已經引起學者們與決策者們很大的誤解。有些人認為孫中山的民生主義是中國式社會主義，這是不對的。如果我們對孫中山的經濟思想進行詳盡考察與認真研究，我們就能發現：孫中山所謂的社會主義與共產主義實際上就是世界大同主義思想，與歐洲的烏托邦思想近似。孫中山把世界大同說成是社會主義或共產主義，但他所指的並非馬列主義或馬列主義的共產主義。世界大同主義與中國大陸所實行的中國式社會主義沒有任何關係，兩者有極大的不同。孫中山的用語造成極大混亂，但是仔細考察他的思想後，我們可以發現他的真正含義。

孫中山的民生主義是努力避免一支強大的資本主義少數在經濟中形成壟斷。壟斷形勢對自由經濟是有害的。孫中山稱民生主義為民族或國家社會主義，類似於俾斯麥的國家社會主義——實際上的國家社會主義體制內的資本主義。孫中山所用的社會主義這個詞，其意思同俾斯麥是一樣的。用今天的說法，孫中山指的是社會政策，而不是社會主義，因為民生主義的經濟基礎是自由經濟和財產私有制。國家社會主義的確切措詞應該是國家資本主義。孫中山和俾斯麥兩者都想防止由一小撮資本家壟斷經濟。兩人都認識到，國有企業政策可以作為手段來減弱那些足以損害社會和諧與造成收入分配不公平的影響。孫中山的理論是，公有企業可以進行調節，去協助自由經濟在正常與健康的狀態下發揮功能。孫中山和俾斯麥的國家社會主義實際上就是自由經濟下的社會政策，或資本主義下的社會政策。這種社會政策有兩個要素：政府開支與國有企業❼。

按照孫中山思想的學者們意見，中國共產黨採用了中國式社會主義，從毛澤東的紅旗型共產主義轉向類似孫中山的民生主義的自由經

濟。他們這種理論並不十分確切。重要的是要注意到共產黨中國是在計劃經濟基礎上利用自由經濟。縱然趙紫陽及其追隨者宣稱它是社會主義的初級階段❹，但馬列主義計劃經濟的本質依然存在。共產黨的中國式社會主義不是社會資本主義，而是資本社會主義或市場社會主義。社會資本主義的基礎是自由經濟，而資本或市場社會主義則建基於計劃經濟。這是明顯不同的。隨着時間的推移，只要鄧小平的「貓理論」在中國實施和經濟改革繼續進行下去，那麼，中國共產黨的資本社會主義很可能會把自己與馬列主義計劃經濟的社會主義的距離拉開。

臺灣在它的四十年發展經濟的歷史中，採用了有計劃的自由經濟，但不是中國式的社會主義。「耕者有其田」制度就是臺灣的社會資本主義和中國大陸 1979 年後市場社會主義之間突出的區別。

1983 年以後，共產黨中國政府官員們宣布放棄人民公社，並採取類似於臺灣經驗的「耕者有其田」的制度。但是中國大陸與臺灣的兩種體制仍然有所不同。在中國大陸，耕者有其田制度允許農民使用土地，但是他們不能擁有土地。在臺灣，耕者有其田制度是不同的。此外，他們可以把土地轉讓給別人，而導致資源的有益調配。在中國大陸所建立的耕者有其田制度，取代了共產黨早期的政策和 1952 年的土地改革制度及人民公社集體耕作制度，每英畝產量提高了，農民的生產力也提高了。耕者有其田制度是臺灣經濟增長的基礎，農業增長是臺灣工業發展的基礎。

耕者有其田制度表明了中國式社會主義與中國式資本主義之間的主要區別。某些人爭論說，孫中山擁護土地公有；但孫中山特別指出，僅在某些情況下土地才實施國有化，這些情況如：修建公路或橋樑，開辦市場或學校，或爲了其他特殊的目的。在這種情況下，政府向個

體所有者購買土地。在正常情況下，農民有權擁有土地並代代相傳。孫中山的支持公有土地只適用於特殊情況，保留政府爲了特定目的購買土地的權利。總之，臺灣政府允許人民對土地旣使用又佔有，不像共產黨中國，在那裏 1979 年後的耕者有其田制度並不同於孫中山的思想。

在東方型資本主義與中國文化或儒家之間存在着某種相互關係，如同西方型資本主義和基督敎文化之間的關係一樣。基督敎文化對西方資本主義的貢獻，類似於儒家文化對亞洲資本主義的貢獻。這個假設，雖然肯定對之含有爭論，但總的說來已爲學者們所接受。有些人並不同意，但事實卻是中國或東方型資本主義未曾經歷社會混亂，因爲它避免了西歐資本主義經濟發展中那些產生不利因素的方面。

臺灣的中國型儒家資本主義模式可以充作亞、非、拉第三世界發展中國家的發展模式來參考。這是很有趣的一點。但我還要問一個問題，儒家資本主義經濟是否可爲儒家社會主義經濟提供借鑑呢？這一課題尙有待進一步討論。

儒家的資本主義國家——臺灣、南韓、香港、新加坡和日本構成了儒家資本主義地區；越南、北韓和中國大陸則爲儒家社會主義地區。資本主義與社會主義地區相結合形成儒家文化地區。第二次世界大戰後，特別是 1949 年後的四十年來的經濟發展，根據不同的經濟制度和不同的經濟投入，已產生的各種不同的結果。儒家資本主義地區的經濟繁榮可以爲儒家社會主義地區提供一些經驗或敎訓方面的參考。

第三節　經濟政策的連續性

一個國家的經濟政策需要經常改變。所選擇的政策與國家參與經

濟的程度有關。正確的政策決定於正確的政府參與水平。根據客觀經濟環境，執行妥善的政策。國家的經濟政策可以比喻為對不同的病人的醫療，不同的病人要用不同的藥物，對症下藥❹。在正在發展的經濟中，永遠要有經濟政策，但沒有永遠不變的政策。

在土地改革政策實施以後，臺灣的經濟發展過程安排為六個「四年計劃」、一個「六年計劃」和一個「十年計劃」❺。考慮到國際和國內經濟的變化，還根據當時的經濟形勢對這些計劃作些調整。根據國內與國際經濟的參與情況，按照主要的經濟目標制定正確的政策。

土地改革制度實施成功以後，在 1953 年，臺灣政府根據農業是工業的基礎這一原則，制定了一系列的經濟政策。首先發展農業經濟。一旦農業經濟建立起來，就會有多餘的資金用以投資於工業發展，這就是以農業發展工業的策略。工業發展以後，用工業的利潤進行有投資以進一步發展農業，這也就是以工業再發展農業的策略。農業扶助工業，工業又扶助農業，相互促進，這就是臺灣的漸進經濟發展長期策略。

在臺灣工業發展過程中，首先發展勞動密集工業。勞動密集工業的基礎一旦打成，就發展技術密集與資本密集的工業。

臺灣政府不斷改進其經濟政策，以便充分發揮臺灣自然環境的優勢。海島的地位預先決定了臺灣要為經濟發展制定一個有效的國際貿易戰略。臺灣把其經濟引入國際社會，逐步提高自身的國際地位。經濟決策者很好地選擇與採取了成功發展經濟的適當政策。

從 1953 到 1964 年，臺灣實現了進口替代經濟策略的成功的第一階段。進口替代策略取得成功，隨後，1964 到 1975 年進入出口擴展階段。

1976 年，在十大建設項目（六年經濟發展計劃）完成後，臺灣進

入進口替代的第二階段。兩個進口替代階段的區別在於所替代產品的類型。第一階段謀求替代勞動密集的進口產品。從 1953 年到 1964 年，政府的政策試圖減少勞動密集的消費品的進口，如紡織品、電器、電子產品、塑料製品以及罐頭食品等。在此期間，臺灣進口了消費類貨物，政府的政策集中於勞動密集的消費類物資生產，以減緩進口貨湧入。

在第二個進口替代階段，替代的產品已不是勞動密集的消費品，而是技術密集的產品。如汽車、計算機、石油化工產品和機器設備等。政府鼓勵技術密集產品的製造以減少進口。臺灣的工業地位已由勞動密集型進為技術密集型。為與以往的趨勢取得一致，今後的工業發展必然是第二個出口擴展階段。從出口勞動密集產品，前進到出口技術與資本密集產品。

臺灣經濟發展政策的階段和羅斯托(W. W. Rostow)的經濟發展的五個階段❺相一致，但是具體細節有所不同。在五十年代中，臺灣處於傳統的落後經濟階段。六十年代，臺灣前進到起飛前階段，七十年代則進到騰飛階段。在八十年代，臺灣經濟進入成熟階段。在九十年代，按照羅斯托學說，臺灣應處於大量消費的階段。通觀臺灣的發展過程，我們看到臺灣政府根據內外經濟形勢制定政策，為制定客觀、正確、理性的政策作出努力，以達到預想的目標。的確，這是恰當的的經濟焦點。

在不斷變化的經濟環境中，要判斷政策與採取合適的措施是困難的。政策的改變是為了適應內外經濟環境及總體經濟環境。在經常變化的經濟氣候下，沒有永遠不變的政策。然而，某種形式的國家經濟政策仍是經常需要的。四十年來靈活的經濟政策對臺灣的成功極為重要。在八十年代末期，臺灣的決策者們強調：經濟的自由化或者國際

化。對這一經濟政策趨向幾乎沒有反對意見。但是也要看到，如果臺灣過分強調自由化，並在制定合理經濟政策時失於判斷客觀環境，那就可能出現無效惡果。政府可能失職，這將是一個失誤。

也許臺灣政府在四十年中制定了太多的經濟政策，但是臺灣早期的發展表明政府的參與是十分需要的。人民並沒有表現出具備足夠的經濟知識、積極性或力量。私營領域的經濟力量還欠成熟，更多的政府參與是必需的。四十年前，經濟決策者們決定，臺灣需要政府更多地與其自由經濟基礎相結合。

及至 1989 年，情況有了變化。在臺灣經濟發展過程中，私營領域已取得知識和力量。它成熟了。臺灣經濟不再需要如此多的政府參與。在五十年代，較多的政府參與可能是較好的政府，但在一個較爲發展的經濟中，政府越少參與越好。較少政府參與並不意味著完全不要參與。政府的經濟參與量是多種多樣的，必須進行衡量和適當部署。那些在八十年代末期贊同經濟自由化的決策者們一般來說是正確的。但如果他們過多地強調這一點，反而會造成市場變形，和使負有責任的政府的利益和明智的經濟政策均將失去作用。缺乏效益能夠損害市場機制。

臺灣四十年經濟發展中的一個重要因素是它的政治環境。政治上的穩定有助於經濟的發展。也許有人會譴責實行近三十八年的戒嚴令（臺灣最初於 1949 年 10 月 1 日頒布了戒嚴令，直到 1987 年 7 月 15 日才廢除）。但如果臺灣的戒嚴令過早地解除，經濟可能會因之受損，特別是從政治方面來考慮。

可以從另外一個角度來考慮政治穩定問題。自從 1840 年中英鴉片戰爭以來的一百五十年內，中國經受了許多內憂外患和政治動亂。中國政府根本不能爲其人民提供發展他們的經濟的機會。臺灣的政治穩

定是對臺灣的發展作出貢獻的一個重要因素，而經濟發展又進一步使政治更加穩定。

例如，臺灣的經濟政策、價格政策都著重市場經濟。但是請考慮一下七十年代初國際石油危機的影響。作為嚴重依賴於國際經濟的一種經濟，油價飛漲使臺灣飽受通貨膨脹之苦。政府建立了物價督導會報，隸屬於經濟部(MOEA)。經濟部長是物價督導會報主席，常務次長是執行秘書❷。通過物價督導會報，臺灣政府起到了物價警察的作用，保持了物價穩定。當政府發現私營領域的投機造成供求不平衡時，為了加以引導，才建立起物價督導會報。物價督導會報並不貶低自由經濟的精神，相反的，該督導會報保持了市場經濟的穩定的功能。作為物價警察，物價督導會報保證了社會公正和自由市場經濟。在七十年代初，它維持了價格平穩。

在中國的漢朝初期，西元前 110 年就第一次制定了物價平均政策(平準法)❸。這個政策要求政府，在供過於求、價格下降時，對物價情況進行監督或刺激需求。政府努力擴大需求，阻止物價繼續下跌。當需過於求、物價上漲時，政府又努力壓低需要或增加供給，阻止價格繼續上升。由此，平準法起著調節與穩定物價的積極作用。

除「平準法」外，在西元前 115 年❹開始建立了商品運輸價格政策(均輸法)。這項政策談到國內的地區差異及對特定戶的不同需求情況。在某些地區供過於求，政府必須注意這些不平衡。政府努力聯繫各個地區，設法去改變距離和調配需求，以便在每個地區維持供需平衡。「平準法」和「均輸法」在經濟思想史中起了重要的作用。

在八十年代，對外貿易量與外滙儲備的增長帶來了臺灣經濟的成功。臺灣的國際地位繼續提高。如前所述，許多臺灣的經濟學家贊成解除限制。這個建議並不能矯枉過正造成偏差。如果政策過分強調貿

易解除限制，就可能導致經濟與社會出現混亂。

九十年代，臺灣出現了許多失序狀態的現象。其一，空氣和水質的污染。污染是一個嚴重的問題。其二，收入在社會內分配不平等。富者很富，貧者仍貧。其三，住房與房地產價格越來越高。股市價格尤其亂而且很不穩定。第四，從 1980 年到 1989 年，臺灣政府推動像新竹科學園區那樣的技術與資本密集項目的發展，但未達到預期效果。九十年代中，勞務費用太高，勞動密集工業潛力不大。

如果勞動密集的工業增長潛力受到限制，而且技術密集與資本密集產品又未取得成功，那麼，1990 年的臺灣經濟就只能在服務行業取得成功了。旅遊業、金融服務業和休閑服務業繼續增長。所以，臺灣的經濟結構是不健康的，對現行貿易的依賴也太大。臺灣的國民生產總值被迫依賴國際經濟。在 1990 年後的惡化的條件下，有些經濟學家們對李登輝總統的政策的正確程度表示懷疑❺。

國民黨政府繼續向中國大陸鼓吹臺灣經驗。然而，我個人建議，臺灣經濟發展過程首先要調整過去的錯誤，如：污染和收入分配不平等。在他們能夠提供一個健康的經濟發展模式之前，許多領域需要進行重大的調整與修正。

總而言之，臺灣四十年的經濟發展是一個成功的研究實例，對中國大陸可起借鑒或參考作用。對中國大陸來說，臺灣的經濟經驗或許不是一個精確的藍圖，但是臺灣奇蹟可作為一個有價值的學習工具。

經濟成功對於臺灣特別重要，臺灣的成功可能是中國未來的希望。臺灣表明了中國式資本主義或中國型市場經濟的成功實行。在中國式資本主義中，政府在自由經濟中起了相當的作用，價格政策就是例子。在調整那些不利於市場經濟的經濟環境因素方面，政府也起了積極的作用。對於改善經濟，政府起了關鍵作用，是私營領域的楷模。

1990 年 9 月 1 日，臺灣行政院院長郝柏村就「混合自由經濟體制：中華民國整體六年經濟計劃」爲題，發表了演說。他說：對私人企業家來說，投資公路建設、建築、發電廠、飛機場、地下鐵路系統、海港以及類似項目，不存在利潤刺激。政府必須介入這些領域，進行這種必需的基礎設施的工作❺⑥。另外一個問題是，是否利潤刺激使私營企業集中了投資，引起地區發展不平衡，損害了臺灣經濟。在正確的時間、正確的地點，並用正確的政策，政府應該自己參與並干預整個經濟活動。根據郝柏村的講話，混合自由經濟體制一般建基於自由市場、私有財產制度之上。可是，在有些時候，適當的政府參與是必要的。郝柏村的想法與蔣經國的「計劃自由經濟體制」十分相似，也說清楚了具有中國特色的資本主義，即把臺灣從 1949 年至 1989 年的經驗加以典型化的經濟哲學的實施情況。

蔣經國和郝柏村的經濟哲學和鄧小平的具有中國特色的社會主義是明顯對立的,雖然鄧小平在 1979 年後的經濟哲學已經大大改善了大陸經濟。我把鄧小平的具有中國特色的社會主義分爲兩個部分。一部分是繼續強調四項基本原則,也就是具有中國特色的馬列的社會主義。第二部分不再強調四項基本原則，可以稱爲具有中國特色的非馬列社會主義。事實上，鄧小平的具有中國特色的社會主義與郝柏村的「混合自由經濟體制」相比，它則是一種「混合的計劃經濟體制」。若從長期觀之，中國文化會使兩者趨於一致——具有中國特色的市場經濟。

第二章　註釋

❶ 希曼·幹(Herman. Kahn)，《世界經濟發展》(柏爾德，科羅拉多，西方觀察出版社，1979)pp.329～382。

❷ 經濟部能源委員會與經濟部物價督導會報。作者於 1975 年至 1981 年任經濟部之經濟顧問。

❸ 世界最高人口密度在孟加拉。1989 年每平方英里 565 人。

❹ 自 1970 年後，臺灣對外貿易的依賴保持在百分之九十以上。

❺ 經濟建設委員會，《臺灣統計資料 1990》(臺北，經建會，1990)。

❻ 當然，這是一個對臺灣成功的經濟發展有所貢獻的因素。在第三章內將作進一步討論。

❼ 在臺北「二·二八事件」後 (1947 年 2 月 28 日)，此類性質的聲明在臺灣獨立運動內十分普遍。

❽ 在 1949 年中國共產黨接管上海行政權之前，上海市市長兪鴻鈞從中央銀行取走五十萬兩黃金，搬到國民黨在臺灣設立的新政府。

❾ 李家泉，〈臺灣經濟發展：評估〉是在亞洲研究協會臺灣分會和香港大學亞洲研究中心共同舉辦的一次臺灣問題研究會 (1988 年 6 月 20 日至 25 日) 上提交的論文。

❿ 經濟建設委員會，《臺灣統計資料 1990》(臺北，經建會，1990)，pp.251～266。從 1950 年到 1963 年向臺灣提供了約 13 億美元的援助。

⓫ 李國鼎，《臺灣經濟蓬勃增長的經驗》(臺北，美亞出版公司，1981)，pp.334～335。這種關於臺灣經濟成功經驗的說法在國民黨政府官員中頗爲風行。

⓬ 吳元黎，〈中國文化和亞洲新興工業化國家〉，美國中國問題協會小組討論會論文 (聖巴巴拉，加利福尼亞，1983 年 6 月)，和《邁向工業化國家：中華民國在臺灣的發展》(紐約，普拉格出版公司，1985)，pp.122～124。

⑬　愛德華‧陳(EDWARD K.T. CHEN)，〈儒家文化與亞洲新興工業化國家〉，在亞洲研究協會臺灣分會和香港大學亞洲研究中心共同舉辦的一次臺灣問題研討會（1988 年 6 月 4 日）上的總結評論。

⑭　費景漢(John C.H. Fei)，〈蔣經國和臺灣經濟的發展〉，蔣經國與臺灣現代化研討會（夏洛特維爾，維吉尼亞州，維吉尼亞大學米勒公共事務中心，1990年 3 月 16-18 日）；及墨子刻(Thomas A Metzger)，〈中華民國經濟發展與無限制自由企業學說：評費正清的「七十年代的臺灣經濟」〉，《美國亞洲觀察》，第四卷第一期，1991 年春，聖約翰大學亞洲研究所，pp.81～94。

⑮　羅德里克‧麥克法夸爾(Roderick MacFarquhar)，〈後儒家質疑〉，《經濟學家》(1980 年 2 月號，pp.9～15)。

⑯　金耀基，〈儒家教義與經濟發展〉，李亦園編，《現代化與中國文化》（臺北，桂冠公司，1986 年 5 月)，p.51。

⑰　杜維明，〈現代觀的儒家人道主義〉，《儒學與現代化座談》（臺北，自由基金會，1987)，pp.59～75。

⑱　戴鴻超，〈儒家理性論學與政治現代化〉，江炳倫編，《儒學與現代化座談》（臺北，自由基金會，1987)，pp.35～58。

⑲　張國燾、郭沫若、周作人、陳伯達及其它人批判儒家文化但並不削弱儒家的倫理原則。

⑳　加藤明治，《日本教育思想史：關於日本文化精神與西方技術的理論》（東京，伯福坎，1926)，pp.316～346。

㉑　岡納爾‧米達爾(Gunnar Myrdal)，《世界貧困的挑戰》，紐約，文塔奇圖書公司(VINTAGE BOOKS)，pp.286～287。東南亞和拉丁美洲的一些國家儘管自然資源豐富但依然貧窮，及赫爾曼‧卡恩（見上註 p.21)。

㉒　同上。

㉓　這個決定性事件把臺灣從一個社會主義的指令性計劃體制轉變爲資本主義的自由經濟體制。在第三章中將進一步論述。

㉔　約翰‧加爾布雷恩(John K. Galbraith)，《富裕的社會》，[波士頓：霍頓‧

米夫林(Houghton Mifflin)，1967]，第15、16、17章。

㉕ 經濟建設委員會，《臺灣統計年鑑1990》(臺北，經建會，1990)，pp.86～88。

㉖ 同上。

㉗ 麥克斯・韋伯，《基督教義與資本主義精神》(紐約，自由出版社，1858年)，
p.21。

㉘ 同上。

㉙ 麥克斯・韋伯，《中國的宗教：儒家與道家》(紐約，自由出版社，1964)，pp.
3～12。

㉚ 伯格(P. Berger)(金元志譯)，〈世俗：東方和西方〉，《中國論壇》(1984年
12月25日)。

㉛ 杜維明，〈工業化的東亞與儒學精神〉，《天下雜誌》，第41期(1984年12月)，
pp.124～137。

㉜ 論語(甘文志譯)，《中國哲學原始資料集》(普林斯頓，新澤西：普林斯頓大
學出版社，1963)。

㉝ 費正清(John K. Fairbank)，《中國沿海的貿易和外交》(帕洛阿爾托，加
利福尼亞，斯坦福大學出版社,1969),pp.3～22。B.A.埃爾曼(B.A.Elman)，
〈儒學與現代化：一個重評價〉，江炳倫等，《儒學與現代化座談》(臺北，自
由基金會，1987)，pp.1～20。

㉞ 伯格，見前註。

㉟ 經濟部經濟顧問室，在經濟部張光世部長領導下所作的估計。

㊱ 魏萼，《民生主義經濟學》(臺北，中央文物供應社,1981年6月)，pp.61～73。

㊲ 同上。

㊳ 同上。

㊴ 伯格(元遠傑譯)，〈世俗：東方和西方〉，《中國論壇》(1984年12月25日)。
韋伯提到儒學的特性與基督教義相反。他的說法並非精確描述。這裏，我指
出在亞洲儒學與西方基督教義之間的共同點。

㊵ 蔣經國，〈中國統一與世界和平〉，蔣主席在國民黨十二次代表大會二中全會

上（1986 年 3 月 29 日）的講話《蔣經國選集》，（臺北，正中書局，1988），p.125。

㊶ 中國共產黨宣稱：孫文思想不是從傳統的中國儒家文化繼承下來的，只是繼承了儒家文化的某些方面，而這些方面正是孫文思想的主要價值所在。

㊷ 極左派的經濟政策是違反中國文化和人性的。

㊸ 孫中山，〈同越飛關於中蘇關係的聯合聲明〉，見《國父全集第二卷》（臺北，國民黨中央委員會黨史委員會，1983），p.37。

㊹ 孫中山，〈民生主義的本質〉，見《國父全集第一卷》（臺北，國民黨中央委員會黨史委員會，1983），p.184。《國父全集第一卷》（臺北，國民黨史委員會，1973），p.184。

㊺ 魏萼，〈中國經濟發展遠景與臺灣經驗〉，論文發表在《中國經濟關係研討會》，（柏克萊，加利福尼亞，加利福尼亞大學，東亞研究所，中國問題研究中心，1988 年 8 月 22 日到 23 日）。

㊻ 蘇紹智，〈根據中國的改革對社會主義的再思考〉，論文發表在《東西方關於民主、社會正義和經濟發展的觀點》，第二屆社會正義與民主研討會（奧克蘭，加利福尼亞，約翰·肯尼迪大學，1990 年 6 月 24 日至 27 日）。

㊼ 魏萼，見前註。

㊽ 蘇紹智，見前註。

㊾ 孫文思想的實質與鄧小平的實用主義的「貓理論」極為相似。不管白貓、黑貓，能抓耗子就是好貓。

㊿ 共產黨中國於 1953 年採取了五年經濟計劃，是一個以 1928 年以來蘇聯史達林主義經濟模式為藍圖的計劃。但是臺灣拒絕採取斯大林主義的計劃經濟模式和五年經濟計劃，代之以四年經濟發展計劃。

〔51〕 羅斯托（W.W. ROSTOW），《經濟增長多階段，一個非共產宣言》（紐約，劍橋大學出版社，1960）。

〔52〕 在 1968 年 8 月 21 日，過去的經濟部物價會報改組為經濟部物價督導會報。

〔53〕 漢朝初期的「平準論」主要用以調整農業糧穀的價格。

(54) 漢朝初期的「均輸法」主要用以調節壟斷性產品的價格。

(55) 1988 年 1 月 13 日蔣經國逝世後，李登輝成爲中華民國新任總統。1990 年 3 月 20 日，李被選爲中華民國第八任總統並於 1990 年 5 月 20 日宣誓就職。

(56) 1990 年 9 月 1 日郝柏村的演講，次日中國時報、聯合報等臺灣各大報均有明顯刊載。

第三章 臺灣經濟：從進口替代到出口擴展

第一節 二十世紀五十年代的進口替代策略

一、五十年代的經濟狀況

　　我們首先研究 1945 年中日戰爭結束時的臺灣經濟。日本統治者在殖民時期用促進農業生產的方法支持工業發展：工業化的日本和農業化的臺灣。臺灣發展茶葉、稻米、蔗糖、菠蘿、柑橘和香蕉等農業生產。來自日本的經濟導向支持著這種生產模式。

　　臺灣的工業領域在第二次世界大戰末期有所發展，以滿足日本不斷增長的軍事需求。金屬製品、煤炭、石油、電力、鋼鐵、造船、機床、化肥、水泥和造紙工業都建立起來以滿足不斷增長的戰爭需要。臺灣的工業在這短暫的時期裏迅速發展，但基礎薄弱，規模較小。盟國的轟炸機摧毀了許多本不穩固的工業設施。第二次世界大戰後，這有限的工業設施留給了國民黨政府。表 3 之 1 列出了臺灣戰後的工業基礎。

表 3 之 1　第二次世界大戰破壞後臺灣有限的工業基礎

	戰前	戰後
發電量(1941 年)	320,000 瓦	42,000 瓦(1945 年)
鋼產量(1939 年)	7,734 噸	4,024 噸(1944 年)
煤產量(1941 年)	2,853,000 噸	776,000 噸(1945 年)

資料來源: 臺灣省文獻委員會,《經濟誌, 臺灣省通誌, 第四卷》(臺北: 景文書局, 1970), 第 121 頁。

　　日本統治者用農業生產來滿足軍事需求。他們採取提高水稻產量的手段以壓低價格, 徵召青壯農業勞動力補充日軍兵員, 結果造成農業勞動力的不足。化肥有限, 農業工程師甚少。由於對種植水稻沒有鼓勵措施, 水稻產量在 1945 年降至 638,000 噸, 只及 1940 年水平的一半❶。低生產率導致了經濟衰退。

　　陳儀 (1883 年～1950 年) 是臺灣光復後的第一位行政長官。由於陳儀省主席領導無方, 致使生產一蹶不振。失業率居高不下, 通貨膨脹無法遏制 ❷, 人民生活極端貧困。臺灣地方行政機構採取貿易管制政策, 導致了通貨膨脹。所有的貿易活動都由政府貿易部門控制。私有企業無法賺錢 ❸。材料短缺、資本投入幾乎沒有。政府只得進口材料以應付經濟需要。

　　外滙儲備短缺引起了社會失序和不安定。配給制使得人們囤積食物和消費品。市場上食品匱乏, 供不應求, 物價上漲。貪官污吏操縱物價, 只管自己賺錢的投機商人加劇了形勢的惡化❹。

　　管理臺灣的第一任國民黨政府苦於缺乏經驗。留在臺灣的日本國民沒有參加陳儀政府, 但仍控制著約 80% 的資財並且操縱物價❺。

人民抱怨艱難的生活條件並且認爲政府是他們的敵人，形成了
1947 年「二・二八事件」的前奏。由於政府管理不當和經濟混亂，激
動的人們開始發洩不滿。從其他島嶼和東南亞返回臺灣的約 30 萬士兵
加入了失業的行列❻。日本占領時期囚禁在廈門的罪犯和妓女也回來
了，混亂更加惡化❼。

如果陳儀政府是一個公正良好的行政機構，社會緊張局勢是可以
緩解的❽。但是，貿易和專賣局的腐敗阻礙了私營領域在良好的競爭
環境中賺錢，惡化了原本就糟糕的局勢，引發了「二・二八事件」，它
是臺灣政治經濟中的一件大事並將對未來的經濟發展產生巨大影響。

「二・二八事件」和臺灣的土地改革制度　人們看到「二・二八事
件」後政府的鎮壓行動，對政治和政治手段產生恐懼。每個人都想從
商──健康和安全的唯一途徑──賺錢和活下去。他們迴避政治，轉
而加入經濟發展。

臺灣成功的土地改革計劃　地主們由於懼怕政府的鎮壓而遵守政
府的政策，土地改革因此比較容易地得以施行。在日本占領期間從事
農業生產的地主以股票方式得到賠償。股票持有人轉向工業領域並參
與臺灣的私營工業發展❾。

臺灣政府在「二・二八事件」後縮小了專賣局和貿易局的權限和
規模❿。臺灣省專賣和貿易局的職權只限於某些特定商品的進出口管
理⓫。貿易局的大部分職能轉向私營領域，這標誌著臺灣工業私有化
政策的開始。私人財產所有權和市場經濟表明了臺灣的儒家資本主義。

悲慘的「二・二八事件」在臺灣歷史上是一次沉痛的事件，但它
的影響使經濟從社會主義經濟控制轉變爲資本主義經濟導向。隨之而
來的是政治民主化，雖然臺灣的學者們對這一重大事件尚未清楚地有
所暗示⓬。

二、五十年代臺灣經濟的特點

臺灣經濟在五十年代初仍能感受到第二次世界大戰的影響。生產服務於軍工，生產力低下。傳統的農業經濟保留下來，62%的農業人口陷於地主和佃農的關係 ⓭。少數農民擁有土地並支配自己的生產，但直到 1952 年，大多數農民還是傳統意義上的佃農。

「三七·五減租條例」於 1951 年開始實施。直接從事農業生產的佃戶交納收穫量的 37·5%做為地租，這是政府強制推行的減租措施。農民在低地租的鼓勵下更加勤勞耕作，生產率隨之提高。農業生產率的增長自第二次世界大戰起第一次超過人口的增長。

社會基礎設施仍很薄弱，儘管農業生產的增長可以保證基本食品的供應，但可供出口的幾乎沒有。有限的能源資源使經濟停滯在純農業狀態。工業部門微不足道，只有造紙、罐頭食品和小的製糖工業。缺乏能源、低資金儲備、外滙儲備很少和貧窮一起構成了臺灣發展工業的不利條件。約 42%的機械進口資金依賴美國援助⓮。缺乏技術是另一障礙。當國民黨政府抵臺時，許多日本技術人員撤出了臺灣，他們的撤離產生了各種技術問題和其它困難。臺灣貧窮並且島內市場有限，工業規模小，生產方式落後。大規模生產、大企業家和現代實業組織都不存在。市場及投資策略膚淺，經濟基礎很差，使臺灣沒有能力與外國工業競爭。

人口資源和教育體制狀況。表 3 之 2 表明了在國民黨政府接收臺灣時，文盲眾多，高等教育相當有限。由於教育制度受限，勞動力缺乏技能。表 3 之 3 說明了 1952 年的就業結構。

表 3 之 2　五十年代臺灣的人口資源：文盲和各級教育程度的人數

1951 年所有七歲和七歲以上臺灣居民的文盲率逾 40%。	
受教育程度	占所有臺灣學生的比例
小學和初中	63.6%
普通高中和職業高中	33.9%
高等院校	0.63%
其他培訓項目	1.87%

資料來源：行政院經濟建設委員會，中華民國行政管理（年度報告）（臺北，經建會，1985），第 186 頁。

表 3 之 3　1952 年臺灣的就業結構

就業類別和占總就業人數的比率
第一類（農業、林業、漁業、畜牧業）57%
第二類（礦業、製造業、電力、煤炭）16%
第三類（商業、運輸、金融、保險和服務行業）27%

資料來源：勞工統計處，中華民國臺灣地區勞工統計概要（年度報告）（臺北：勞統處，1985），第 15 頁。

臺灣在 1952 年是農業社會。平均收入約 150 美元 ⑮，儲蓄不到 7% ⑯，投資水平低，整個經濟陷於貧困的惡性循環：低收入、低儲蓄、低投資、低生產率和低國民生產總值。臺灣貧窮，因為人民貧窮。經濟不發達是因為人民經濟落後。貧困的惡性循環使得臺灣經濟處於原始狀態。

三、政策的實施

國民黨政府總統辦公室成立了國防委員會（即以後的國家安全委員會）來復興經濟並開始社會和政治改革。國防委員會制定了許多重要政策。

穩定物價政策 臺灣政府於 1949 年 6 月 15 日宣布金融改革，其中最重要的是價格穩定政策。隨後發行新臺幣，1 美元相當於 40 新臺幣。起初兩種貨幣都可兌換黃金，但是，爲防止大量資本外流，新臺幣在 1950 年 12 月 27 日後不能再兌換黃金。這種外滙控制政策是必要的，因爲過去的金融改革引起了資本外流和外滙儲備短缺 ❶。臺灣政府於 1951 年 3 月頒布新政策，鼓勵儲蓄並限制動用外滙進口貨物。

農業改革 國民黨政府開始實行「三七・五減租條例」。1949 年 3 月頒布的減租法減輕了農民的負擔。農業生產率提高了，人民生活水準得到了極大的改善。

公有土地向農民開放 不久，臺灣政府完成了耕者有其田的目標，在 1951 年開始以低價向農民出售公地。

耕者有其田政策 臺灣政府於 1953 年向地主發行四個公營主要企業的股票，以交換土地將其再賣給農民。把公營企業轉給私營領域是完成土地改革計劃的關鍵。

農業支持工業 臺灣大部分生產是與農業發展有關的，1953 年至 1956 年爲第一個經濟發展四年規劃，這項政策著重在提高農業生產力，利用農業資源支持工業的長期發展。第一個經濟發展計劃增加了勞動密集型生產以滿足國內需要，因此建立了臺灣進口替代經濟。表 3 之 4 提供了臺灣經濟計劃的概況。

表 3 之 4　臺灣的國內與國際經濟政策（按時間劃分）

國內政策

四年經濟發展計劃

1953 至 1956 年	農業是工業的基礎
1957 至 1960 年	增加就業
	增加出口
	進口替代商品
1961 至 1964 年	
1965 至 1968 年	發展出口商品
1969 至 1972 年	
1973 至 1976 年	

六年經濟發展計劃

1976 至 1981 年　十大建設項目 1979 年竣工。經濟發展計劃提前兩年完成。

十年經濟發展計劃

1980 至 1989 年　資本和技術密集型產品

國際經濟戰略

1952 至 1960 年	進口替代經濟政策
	鼓勵投資政策
	保護國內工業稅則
	外滙管制
1961 至 1972 年	出口擴展經濟政策
	勞動密集型工業
	建立外滙儲備
	爲發展資本和技術密集型工業打基礎

臺灣希望向美國證明本島具有經濟潛力和臺灣政府有能力增加生產。第一個四年經濟發展計劃是成功的。中央的經濟目標達到了，物價開始下降。但是，問題隨著成功而來。經濟仍然脆弱。國內的需求高漲導致進口鋼數量增加，臺灣政府需要改善生產以滿足國內的需求。經濟苦於國際貿易不平衡，並且面臨著危險的國際收支差額局面。人口繼續增長。大量的進口商品使臺灣喪失了外滙儲備。

第二個四年經濟發展計劃是從 1956 至 1960 年，主要解決第一個四年經濟發展計劃遺留的問題。結果令人滿意。工農業生產和貿易額均達到指標。物價得到穩定，國民生產總值增加，人民生活水準得到改善，但進口仍大於出口❶。貿易和國際收支赤字繼續存在。

技術和管理水平落後，主要設備短缺。臺灣產品在國際市場上沒有競爭力。臺灣急需新技術獲得資金機會。

嚴重的失業問題仍然存在，特別是農業領域中隱含的失業問題。進口替代商品充斥國內市場，雖然國際競爭力弱，新的國際市場仍有待開發。

兩個四年經濟發展計劃奉行著一條五十年代的保護主義政策，即增加資金積累和鼓勵國內投資。高關稅鼓勵了國內投資並帶來所需的財政收入。保護主義政策經證明是行之有效的，汽車、塑料、水泥、玻璃和纖維工業有所得益。保護主義培值了國內工業並減少了外滙支出，初級進口替代品蓬勃發展。

1952 年 9 月的一項政策促進了華僑（包括港澳）對臺灣工業的投資。進口管制和其它政策使政府能夠禁止它不歡迎的投資。外來資金都用於能產生最佳效益的產品和工廠。臺灣確立了發展國家所需要的投資的指導方針。投資者得益於關稅和其它進口管制的正確運用❷。政府的引導避免了無效競爭和生產過剩，使資源得以合理分配，因為

進口替代政策幾乎已經充斥了國內經濟。

　　由於外滙儲備有限，臺灣制定了外滙配額政策。政府確定配額標準以控制外滙儲備並保證進口急需的材料。因爲官方滙率低於黑市價格，投資者需要外滙基金。企業家試圖利用官方滙率，通過政府外滙渠道進口機械設備❷。政府反過來實行外滙配額制度以便恰當地使用外滙。

四、政策對五十年代經濟的影響

　　五十年代的經濟政策經臺灣工農業領域的證明是成功的。從 1950 至 1961 年的年增長率平均爲 8.2%。平均國民生產總值增長了 4% 至 5%❷。食品購買約占人均總消費支出的 50%❷。土地改革提高了生產率，剩餘勞動力轉向工業和商業領域。工商業發展迅速，但總的經濟結構還是農業型的。變相失業仍然存在，政府重點在教育和培訓。迅速發展的工業需要素質不斷提高的人力資源。

　　國民黨政府爲戰後的經濟恢復努力奮鬥，全力解決失業、通貨膨脹和收入分配問題。由於五十年代的政策所打下的基礎，工作進展順利，臺灣對未來充滿信心。

　　大陸來的知識分子和經濟決策者全心投入振興民族的大業❷。他們別無選擇。這些經濟決策者和精英抱著積極的態度並擁有淵博的經濟工作經驗，全心全意地爲政府工作。恰當的人做出的正確決定成爲臺灣經濟新開端的福音。

第二節　二十世紀六十年代的出口擴展策略

一、六十年代的經濟狀況

外部經濟　第二次世界大戰後，美國著手進行自由世界的經濟重建工作。當自由世界進入國際合作時期時，許多國家正從戰時經濟所受衝擊中蘇醒。經濟合作的新領域的大門打開了。聯合國建立了國際金融機構、服務機構、文化交流、文化教育合作和健康與衛生計劃。許多國家受益於這種合作並繼續取得經濟上的成功。

軍工技術和管理技術隨著第二次世界大戰的結束從軍工部門轉向民用。私營工業的生產力提高了，生產成本下降。刺激產生了革新和新產品的發明。國際經濟好轉。由於新能源的發現，包括石油、煤炭和核能，經濟發展有了充足的能源供應。國際市場價格穩定，極少波動。二次大戰後的世界經濟繁榮促成了高增長率、增加的收益分配和較高的收入。人民對消費品的更多要求推動了國際合作、貿易和經濟繁榮，並刺激了生產能力的擴大❷。

日本的對外經濟在六十年代發展順利，經濟結構從勞動密集型轉向資本和技術密集型產品。輕工業在其他發展中國家脫穎而出。日本的經濟結構變化為臺灣進入國際市場樹立了模範。

由於臺灣的進口替代經濟，它在五十年代的內部發展依賴國內需求。到六十年代，國內市場已經飽和，繼續發展的餘地所剩無幾，所以工業部門開始用勞動密集型產品開拓國際市場。對國內市場的依賴必將造成經濟發展速度下降，特別是紡織、木材和橡膠工業。

臺灣工業在進入國際市場方面情況不甚理想，而國內市場則仍處

於飽和狀態。供大於求，國內競爭激烈，存貨大量積壓，公司被迫削價。價格競爭產生了許多問題，緊張局面和這些問題都源於勞動密集型產品的過剩。

就業市場承受著巨大壓力。臺灣政府在進口替代時期鼓勵私人辦學和發展教育設施。公家也開辦許多新學校。更多的學校意味著更多的畢業生，這又產生了不能充分就業的問題。由於對勞動力的需求增加不大，受過訓練的畢業生在六十年代繼續過剩。變相失業問題仍然嚴重㉕。

基礎設施不健全，不能滿足經濟的迅速發展的需要。財政短絀無法引導公共投資用於基礎設施建設，而現有的基礎設施越來越不能適應農業、貿易和工業發展的迅速增長。電力、鐵路、港口、供水設施和公路建設也都不能滿足經濟增長的需要。

許多資本商品和中間商品在五十年代依靠進口，造成外滙儲備不足。臺灣爲支付貿易逆差不得不從國際金融組織貸款，那是一筆長期赤字的資本帳。此外，商品和服務投入有限，臺灣苦於貿易逆差而且無力償還債務。從 1950 年至 1963 年臺灣依靠美國援助解決貿易逆差和國際收支逆差㉖。

國內經濟　1951 年頒布的新外滙管制條例造成官方滙率低於市場滙率，國際貿易商從政府尋求外滙。外滙配額本來是用於鼓勵投資者和商人的，但一些配額被人利用了，例如爲進口商提供了取得外滙的方便之門，造成了不公平和資源分配不合理。部分個人得到了過多的好處，使他們建立了五十年代成功的工業部門。

外滙配額及至六十年代引起了不公平和資源再分配。經濟壓力使得人們對六十年代究竟應該是執行出口擴展政策還是繼續實行進口替代政策問題發生爭論。許多經濟決策者建議，六十年代應繼續五十年

代的進口替代政策，實行進口替代的第二階段。臺灣政府最終還是選擇了出口擴展經濟策略**㉗**。

政府有以下幾點考慮：

㈠**市場因素** 日本、美國和其它發達國家已將工業發展轉向技術和資本密集型產品。因爲這些國家不願生產勞動密集型產品，這一良機使臺灣可利用相對廉價的勞動力，爲國際市場生產勞動密集型產品，賺取寶貴的外滙。

㈡**勞動力和就業問題** 土地改革後，生產力的提高和人口增長引起六十年代勞動力過剩。失業和勞動力過剩是社會的負擔。如果臺灣發展資本和技術密集型產品，失業問題必將更加嚴重。繼續生產勞動密集型出口產品可以緩解失業壓力。

㈢**資本和技術問題** 臺灣發展資本和技術密集型產品缺乏必要的資本和技術人員。經濟狀況不能滿足第二期進口替代的要求。

㈣**國際貿易收支平衡問題** 臺灣發展第二期進口替代需要巨額外滙。現時的外滙短缺和外貿逆差在第二期進口替代時將更加惡化。

鑒於以上情況，臺灣採取了出口擴展策略以適應六十年代的經濟發展。但是，臺灣的出口擴展策略依然存在困難。許多法規需要修訂。新臺幣定值過高不利於出口。私營貿易公司規模小，不熟悉外貿銷售技巧。大多數臺灣非耐用消費品與農產品不同，它們是在五十年代保護政策下發展起來的。

產品質量低，生產成本高。受保護的工業產品在國際市場缺乏競爭力。在考慮過內部和外部經濟後，臺灣政府確定出口擴展經濟策略是最有利於經濟發展的。這項意義重大的政策決定確立了六十年代臺灣經濟的發展方向。

二、六十年代政府的經濟政策

1961 至 1972 年出口擴展時期是臺灣經濟的轉折點。後來的三個四年經濟發展計劃都是以五十年代四年經濟發展計劃的工業發展爲基礎的。基礎建立於五十年代。但是，六十年代的經濟發展策略與以往完全不同。進口工業在進口替代時期受政府引導和鼓勵政策的保護。對六十年代出口發展來說，工業經濟政策已經改變了。

臺灣的六十年代經濟政策促進了國際貿易，注重使機械、主要設備、技術和管理適合在國際市場上有競爭力的優質產品生產。生產面向國際市場，改進產品加入國際競爭。紡織、塑膠、水泥、造紙、鋁、化工和石化產品得到了政府支持，增加了它們的市場競爭力，政府還爲發展重工業提供幫助：鋼鐵工業、機械工業、造船工業、汽車工業和其他工業。

農業產品在國際市場上很重要，而且對臺灣的經濟仍很重要，如可以吸收農業領域的剩餘勞動力和增加農民的收入❷。政府還鼓勵在新的工業領域的技術密集型產品，如：電訊、製藥和手錶製造，並採取鼓勵外商投資和合資的政策。

出口擴展政策鼓勵了私營企業。政府支持私人投資者通過政府導向增加資本和技術，而金融和財政上的優惠政策則吸引私人領域向新型工業投資。政府促進華僑資本投資的增長，推動華僑與臺灣投資者和個體投資項目的合作。每年外滙和華僑資本流入劇增：從 1965 年的 4200 萬美元到 1985 年的 7.02 億美元❷。

臺灣也鼓勵公營工業向私營領域轉化，即公有工業私有化。私營領域沒有能力經營許多新的大型、高風險、高技術工業，所以政府投資創建新的公有工業。新發展起來的公有工業後來出售股票並向私營

領域轉移所有權，政府用獲得的資本開辦新的公有工業。政府必須首先經營需要大量技術、投資和一定經濟規模的工業。如果私營領域缺少資源，政府就介入。當經濟氣候良好時，公有工業即向私營領域轉化。政府允許人民接辦，最終是一切屬於人民。

臺灣的六十年代經濟政策主要集中在出口擴展和加強國際市場競爭力上。技術和主要設施必須加以完善，管理和財政政策必須現代化，臺灣的工業必須符合國際標準。

政策執行情況　在出口擴展開始時，農業產品是主要出口產品。然後，工業出口產品興旺並成為臺灣的外貿基礎。臺灣政府的方法是把所有初級產品升級為工業產品。

在出口擴展期間出現了幾種現象。一是從進口替代到出口擴展的調整，增加了貿易依賴性。貿易總額在國民生產總值的比重提高了。從這方面看，六十年代不同於五十年代。二是進口貨物的迅速增加需要大量美援。出口擴展對外援的依賴較輕，到 1964 年，美國停止援助臺灣。貿易依賴性增加了，臺灣需要依靠國際經濟以振興國內經濟❸⓪。

在臺灣出口擴展期間實現了兩項重要經濟策略。一是新臺幣貶值，二是開放國際貿易。貶值是要改善收支平衡並且使臺灣產品在國際市場上更有競爭力。由於政府在貶值後制定了相應的政策，臺灣沒有陷入通貨膨脹，但是，貶值確實提高了進口品價格。

在五十年代進口替代期間發生了什麼呢？進口許可證和配額減少了外滙支出，但這項政策的一些條款經證明是不公平的，在六十年代出口擴展期間得到了調整。

第一項改革首先觸及外滙和貿易。1958 年 4 月 12 日，行政院公布了外滙和貿易決定。外滙和貿易管理決定廢除了外滙雙軌制，取消了不利於出口擴展的政策❸①。

　　出口擴展政策的關鍵一環是新臺幣貶值。在六十年代初期，1 美元合 27.8 新臺幣。1964 年，政府政策將滙率調整爲 1 美元合 40 新臺幣並把臺幣和美元掛鈎❸。1960 年 7 月，臺灣放開了對許多類產品的控制，採取刺激措施以鼓勵出口，如：減稅、出口貸款低利率和出口產品津貼，其它鼓勵政策也促進了貿易發展❸。

　　1960 年 2 月，臺灣政府爲完成經濟改革公布了 19 點經濟和財政改革計劃。政府領導人尹仲容提出和實施 19 點計劃以改進經濟、財政、金融和貿易。19 點經濟改革計劃列於表 3 之 5 ❸。

　　表 3 之 5　19 點財政和金融經濟改革（主要政策內容）

一、經濟發展
1.增加儲蓄和指導消費。
2.建立股票市場和證券交易所。私有工業發行法人債券；私人公司股票在股票市場上市。恢復中央信託局和交通銀行。
3.評估整體經濟控制系統，把對經濟的控制降至最低水平。
4.把公有工業轉給私營領域，發布認購資格加速轉讓。
5.通過免稅、外滙管制和金融刺激鼓勵投資，簡化投資規章，允許投資者更便利地設廠。
6.公營企業的更有效管理。
7.爲長期經濟發展項目創造良好的社會環境。
8.爲方便投資者而評估和調整各項法規。
二、預算
1.以新臺幣的固定值保持國防預算。
2.改善稅制和稅務管理促進資本形成和經濟發展。

3. 應用成本收益分析使預算系統有效。

4. 取消對公用事業的補貼，按市場經濟管理公用事業。給公用事業制定低利率。

5. 公職人員的退休計劃，包括軍職人員。調整公職人員和文職部門雇員的薪資。

6 軍費開支提交審計和複查。

三、金融體制

1. 中央銀行體制。「臺灣銀行」執行中央銀行和一般銀行的功能，明確區分中央銀行和「臺灣銀行」的業務。

2. 儲蓄和貸款政策符合正規的金融制度，所有的銀行系統、貸款和儲蓄均統一於「臺灣銀行」之下，消滅地下銀行系統。

3. 保證銀行服務的健康發展：銀行系統、銀行組織和銀行機構。整個臺灣島執行一個銀行標準。

四、外滙制度

1. 用單一的外滙制度把臺幣推向自由的和靈活的國際滙率。

2. 鼓勵出口。提高銀行的權威性，包括簡化外滙程序。加強臺灣銀行和國外銀行的接觸和聯繫。

　　另一項重大改革是 1960 年 9 月頒布的獎勵投資條例，這也是溝通國內和海外資本向生產投資邁進的一大步 ㉟。華僑和國外投資在五十年代非常有限，這可能是高稅額負擔的結果。納稅和投資手續非常複雜，投資者對高成本望而卻步。為了把投資引入已形成的系統，經濟政策必須保護耕者有其田制度，防止任意地將農業土地轉歸工業領域。投資鼓勵法規重點在稅收和金融方面。下文還將探討這些問題。

　　1965 年 1 月 30 日，臺灣政府宣布建立加工出口區鼓勵出口。1965 年 3 月，高雄加工出口區成立。私人領域投資者在這個合資計劃中建立工廠和其他企業，這對臺灣六十年代和七十年代的經濟發展是很重要的。

　　六十年代，從大陸遷來的經濟機構終於恢復了。1960 年 2 月，交通銀行正式恢復營業，中國銀行也在 1960 年 10 月恢復營業。中央銀行 1961 年 7 月 1 日恢復營業。中國銀行到 1971 年轉給私營領域經營，改稱「中國國際商業銀行」。

　　經濟部於 1960 年 9 月成立證券管理委員會，它是以美國證券管理委員會為模型建立的。在新的證券管理委員會合作下，臺灣證券交易所 1961 年 2 月成立了。

　　知識分子和經濟決策者也對六十年代經濟發展做出了貢獻。政府領導人、知識分子和大陸來的精英為經濟成功而奮鬥。他們帶來了一流的經濟知識和聰明才智。1949 年前中國的經驗被應用於臺灣的經濟發展。蔣介石總統和其他政府領導人信任經濟領域中的知識分子精英。美援運用委員會和農村復興合作委員會的專家們與臺灣經濟領導人在發展問題上共同合作。

三、政策對六十年代經濟的影響

　　六十年代是臺灣經濟的轉型期。臺灣存在著勞動力過剩、國際收支逆差和外貿逆差問題。六十年代的適當經濟戰略即出口擴展政策，指導對外貿易克服了市場經營和管理方面的困難，而這些問題在經濟發達國家是不那麼嚴重的。

　　臺灣政府推行出口商品低價政策來促進出口擴展。勞動力過剩說明勞動力廉價，製造商因此可以出口商品並賺取外滙。六十年代的狀

況證明有利於臺灣的經濟發展和出口擴展策略的順利實施。經濟發達的日本、美國和歐洲正發展技術和資本密集型產品，收縮勞動密集型生產，這正好是臺灣發展勞動密集型輕工業的極好機會。

廉價勞動力是臺灣產品在國際市場上競爭的一項優勢。臺灣的出口迅速發展，收支狀況改善了，從有赤字到赤字減少，以至最終達到收支平衡。政府大力支持私營領域充分利用以上經濟條件，興辦私人事業，增加個人收入，提高生活水準。出口增長加速了工業發展並且改善了臺灣的經濟結構。

發展出口是六十年代的正確選擇。拉丁美洲國家在第一期進口替代後進行了第二期進口替代，導致了經濟滑坡。臺灣卻採用出口擴展政策。這個重大決策產生了與拉丁美洲經濟迥然不同的差異。臺灣的出口擴展策略打破了經濟發展的瓶頸。六十年代形成了臺灣的起飛階段，即依靠國內經濟和世界經濟繁榮的階段。

越南戰爭有助於臺灣的出口經濟。農業產品在出口產品總量的比例中初期呈上升趨勢。從五十年代開始，工業出口約占總出口量的23.6%，這一比例持續到七十年代。六十年代的政策在臺灣經濟結構中引起了巨大變化，見表3之6 ㊱。

表 3 之 6　臺灣發展期間的出口結構占出口總量的比例

	工業出口	農業出口
五十年代	23.6%	76.4%
六十年代	23.6%	76.4%
七十年代	78.6%	21.4%
八十年代	84.6%	15.4%

資料來源：經濟建設委員會，《臺灣統計資料1989》（臺北：經建會，1989），第213頁至214頁。

出口擴展增強了對貿易的依賴性，從進出口總值與國民生產總值的關係上可見一斑。六十年代貿易值占國民生產總值的27%，但到1983年，已增加到86.4%，對貿易的依賴發生了飛躍㊲。

由於出口產品的生產主要是勞動密集型的，充分利用了六十年代剩餘的勞動力，失業狀況好轉。對勞動力的要求、就業機會和工資都提高了。失業人數大量下降，生活水平明顯改善。

隨著農業領域的發展，變相失業問題得到解決，極大地推動了臺灣經濟。農業人口發生變化。專業農戶減少，農村的農業收入增加。農業在整個經濟中佔據了一個新位置，見表3之7。

表 3-7　農業勞力結構

	專業農戶	非專業農戶
1961 年	48%	52%
1975 年	18%	82%
	收入構成	
	非農業收入	
1964 年	36.52%	
1970 年	54.88%	

　　資料來源：經濟建設委員會，《臺灣統計資料 1989》（臺北：經建會，1989）和預算與統計處，《農業普查比較研究》，臺灣統計年度報告，45（1986 年 9 月），第 484 頁。

　　一個國家的總體經濟改善，特別是農業的改善，專業農業人口下降，對總收入的分配有利。把總人口按戶別分為五個等分，最高的五分之一的收入與最低的五分之一的收入在 1964 年相差 5.33，而到 1970 年降至 4.58 ❸。由於提高了生產力，收入分配在臺灣經濟發展史上得到雙倍的改善。隨著經濟從農業向非農業發展，平均收入增加了。城市化和其他社會變化也隨著經濟增長出現了。服務業得到發展，有利於收入分配。出口擴展期間的成果改善了收入分配。出口擴展是臺灣四十年經濟發展史上的一個關鍵轉折。臺灣經濟在六十和七十年代開始起飛。

　　臺灣克服重重困難，為以後的經濟發展打下了堅實基礎。出口擴展策略經證明是最明智的選擇，比第二期進口替代要好。

第三章　註釋

❶ 臺灣省文獻委員會，《經濟誌，臺灣省誌》，第四卷(臺北，景文書局，p.163，1970)。

❷ 抗日戰爭剛結束，臺灣是一片混亂。國民黨從日本人手裏接管了臺灣的政府管理權。

❸ 在陳儀的治理下有一種向社會主義計劃經濟發展的趨勢。

❹ 賴澤涵、馬若孟和魏萼，《悲劇的開始：1947 年 2 月 28 日，臺灣二二八事件》(加利福尼亞，斯坦福，斯坦福大學出版社，1991)。

❺ 王曉波，〈1947 年的二·二八事件和臺灣歷史〉，《文訊》(1987 年 5 月 1 日) p.107。

❻ 同上，P.14。

❼ 戴國煇，《臺灣史》(臺北，遠流公司，1985)，p.194。

❽ 同上。

❾ 臺灣在 1947 年 2 月 28 日後發生了變化。不僅經濟上實行私有化，政治上也實行民主化。這次事件開始了臺灣經濟和政治本土化的新紀元。

❿ 賴澤涵、馬若孟和魏萼，《悲劇的開始：1947 年 2 月 28 日，臺灣二二八事件》(加利福尼亞，斯坦福，斯坦福大學出版社，1991)。

⓫ 從 1949 至 1989 年有幾次民主運動，如 1980 年的高雄美麗島事件和 1977 年的中壢事件。在這些事件過後，執政的國民黨考慮對付地方民主運動的新政策，使之與臺灣經濟自由化相關聯。

⓬ 賴澤涵、馬若孟和魏萼，《悲劇的開始：1947 年 2 月 28 日，臺灣二二八事件》(加利福尼亞，斯坦福，斯坦福大學出版社，1991)。

⓭ 經濟建設委員會，《臺灣統計資料 1985》(臺北，經建會，1985)，p.59。

⓮ 經濟建設委員會，《臺灣經濟增長和結構變化——外貿》(臺北，經建會，1981年)，pp.112~117。

⑮ 經濟建設委員會,《臺灣統計資料 1985》(臺北, 經建會, 1985), p.29; 和
李登輝的「臺灣中華民國經濟新紀元」, 中華民國 (臺灣) 副總統在第四屆泛
太平洋經濟技術轉移管理研討會上的演講, 1987 年 5 月 18 日, p.2。李登輝
博士宣稱 1949 年人均國民收入只有 50 美元。

⑯ 同上。

⑰ 1951 年 4 月 9 日, 政府宣布私人領域的黃金和外滙兌換爲非法。

⑱ 經濟建設委員會,《臺灣統計資料 1989》(臺北, 經建會, 1989)。

⑲ 李國鼎,《臺灣經濟蓬勃發展的經驗》(臺北: 美亞出版公司, 1981), pp.
51〜71。

⑳ 同上。

㉑ 李登輝, 見前註 p.1。

㉒ 經濟部,《中華民國, 臺灣的經濟發展》(臺北, 經濟部, 1986), p.37。

㉓ 馬若孟,〈孫中山的經濟思想和中國的經濟發展〉, 文獻彙編,《孫中山和現代
中國國際會議》(臺北, 國民黨黨史委員會, 1985), pp.7〜9。

㉔ 李國鼎, 見前註, pp.52〜61。

㉕ 同上。

㉖ 經濟建設委員會,《臺灣經濟增長和結構變化──外貿》(臺北, 經建會,
1981), pp.112〜117。

㉗ 蔣碩傑,《臺灣經濟發展的重要意義》(臺北, 經濟生活出版公司, 1985), p.
154。

㉘ 王作榮,《臺灣經濟發展論集》(臺北, 中國時報出版公司, 1981), pp.36〜40。

㉙ 經濟部,《中華民國, 臺灣經濟發展》(臺北, 經濟部, 1986), p.25。

㉚ 經濟建設委員會,《臺灣經濟增長和結構變化──外貿》(臺北, 經建會,
1981), pp.112〜117。

㉛ 李國鼎, 見前註。

㉜ 同上。

㉝ 李國鼎, 見前註。

㉞　王作榮，《我們是如何創造經濟奇蹟的》（臺北，中國時報出版公司，1984），pp.58～59。

㉟　主要的鼓勵措施包括：五年免交所得稅，對投產準備期長的資本密集型項目可延長四年免稅期以便更多地回收資本；免稅期過後最多交22%的所得稅；免交機械進口關稅；免交出口營業稅；還有減稅和其它鼓勵研究與發展、污染控制與能源再生的措施。

㊱　引政院主計處，《中華民國（臺灣）國民經濟發展統計季刊》（臺北，行政院主計處，1985），p.11。

㊲　同上。

㊳　經濟部，見前註，p.43。

第四章　臺灣經濟：從危機中復蘇和走向繁榮

第一節　二十世紀七十年代從危機中復蘇

一、對外經濟

　　臺灣經濟的快速增長、低通貨膨漲及價格穩定形勢貫穿整個六十年代以至 1973 年初。1973 年的危機導致國際政治經濟發生巨大變化，以—阿戰爭的結果是，中東產油國對歐洲和美國實施禁運，油價上漲了 4.4 倍，從每桶 2.59 美元上漲到 11.56 美元 ❶。全世界能源支出及生產成本上漲，陷入第一次國際石油危機。

　　1973 年底發生了世界性的農業衰退。澳大利亞的小麥出口和美國的棉花生產減少了，造成對纖維的需求增加和價格上漲。在蘇聯農業危機時，蘇聯從美國進口小麥，然後以高價轉賣給東歐國家，導致西方集團的小麥價格上漲。爲了將小麥運到蘇聯，美國動用了通常應拆毀的舊船，廢鋼鐵工業因此受到損害，國際鋼鐵價格上漲。

　　原材料價格的提高使農業和工業生產受損。戰後對自由世界的援助使美元價格大幅度下跌，美國陷入越南戰爭，軍費開支增加，更加劇了美元價格的下跌，促使國際貨幣市場陷入危機。供過於求導致美

元貶值，布雷頓森林條款規定美元可以兌換黃金 ❷，而美元貶值又使其他國家轉而尋求黃金。美國的黃金儲備減少，至 1971 年初，美國所存黃金的價值還不到 110 億美元，低於美國的短期外債 ❸。

各國向美國市場傾銷商品，使國際貿易狀況進一步惡化。1970 年，美國的貿易赤字達 100 億美元。1971 年發展到 200 多億美元 ❹。對美元重新估價的壓力促使理查德·尼克森總統於 1971 年 8 月宣布一項新政策：美元將不再可以兌換黃金，並且將美元貶值 8.57%，實施這些政策以改善美國的貿易失衡 ❺。美國還採取了通貨緊縮政策，美元是世界性通貨，美元的不穩定引起了貨幣危機。國際經濟秩序出現混亂。

1973 年後，美元進一步貶值，國際經濟更趨惡化。其他國家開始寧要原材料和農產品而不要美元。由於求大於供，國際價格形勢愈形惡化。穀物短缺，美元貶值，以及國際貨幣體系的崩潰，其結果是經濟增長緩慢，價格上漲和出口滯漲。每個國家都試圖進行控制，採取收縮財政和貨幣政策作爲保護措施。需求減少和支付平衡危機使各國普遍實施保護主義政策。這一場國際經濟危機幾乎持續了整個七十年代初期。

各國都採取了能源節約政策、石油代用品開發和通貨緊縮政策。能源節約政策和削減開支使國際經濟狀況逐漸有所好轉，能源節約政策減少了能源代用品的支出，暫時性地有利於經濟發展和恢復。

經濟恢復只持續到 1979 年 1 月，伊朗的政治變化導致了一場新的石油危機。在 1979 年，石油價格由每桶 11.6 美元上漲至每桶 36 美元 ❻。許多國家都開始受到支出增加造成的通貨膨漲的影響，國內物價飛漲，而政府對此的反應則是再一次採取財政和金融緊縮政策。

蘇聯 1980 年對阿富汗的入侵使世界突然陷入一場國際性政治危機，這場危機使全世界的經濟衰退加劇。在國際上其他物價繼續上漲

的同時，金價上漲到每盎司 19 美元。

二、國內經濟

　　臺灣的經濟是海島經濟，地域狹小，技術力量不足。正如七十年代初的經濟部長尹仲容所說，臺灣經濟是一種淺碟子經濟，碟面很容易裝滿。臺灣有賴於國際經濟形勢，當國際經濟情況良好時，臺灣經濟也健康發展。七十年代的國際經濟危機使臺灣遭受損失，經濟增長緩慢。在 1973 年石油危機前，臺灣經濟增長率超過 10%。臺灣對石油的高度依賴（99%以上）使支出增加並損害了出口 ❼。經濟增長不能期望有所改善，從 1970 年到 1975 年，年經濟增長率僅有 2.9%，每人平均收入則經歷了負增長❽。

　　從六十年代到七十年代，臺灣對內和對外的經濟政策有所變化，結果是 1976 到 1978 年的經濟增長過猛。從 1976 到 1978 年，年經濟增長率平均爲 12.3%，每人平均收入增長了 9.9%❾。1979 年的石油危機抑制了臺灣 1979 和 1980 年的經濟發展，經濟增長率僅爲 6.9%，每人平均收入僅增加了 3.8%❿。第二次石油危機遠沒有第一次嚴重。

　　石油價格飛漲造成支出增加下的通貨膨脹和批發價格上漲。從 1973 到 1974 年，物價躍升了 47.5%，而從 1979 到 1980 年只有 17%⓫。國際競爭日趨激烈，臺灣出口業面臨香港、新加坡和南韓產品的競爭。亞洲新興工業國家在國際市場上劇烈爭鬥，而石油危機又使競爭更加激烈，臺灣的出口情況出現許多困難。

　　1971 年，臺灣在國際上遭受外交挫折，中華民國被迫退出聯合國，並喪失了在許多國際組織中的成員地位。臺灣在外交上被孤立起來，外國資本撤走，使工業發展步伐減緩。最後的打擊發生於 1979 年，美國中斷了和臺灣——中華民國的正式外交關係。在臺灣這一經濟發展

階段，投資受到了不利影響。

七十年代初，運輸和其他基礎設施的落後給經濟發展造成障礙，技術和資本不得不依靠引進，公共投資、通訊和鐵路又需要大量技術和資金。隨着國際合作的增多和技術的引進，技術水平提高了，從而臺灣能夠積累足夠的技術和資金，使臺灣經濟達到一定規模，臺灣實現了經濟現代化，國際化也有所提高。重要工業的建立使經濟形成一定規模，著名的十大建設項目促進經濟進一步發展❷。

七十年代初，臺灣的經濟學家和經濟決策者之間在經濟政策上出現了分歧。對政策的爭論可以分爲兩派：貨幣學派，主要來自中央研究院和國立臺灣大學，有蔣碩傑、費景漢、顧應昌、陳昭南、孫震及其他包括反對十大建設項目的財政部長李國鼎等人士，都反對十大建設項目，大多數自由派學者和經濟決策者們支持他們的論點。

站在對立面的是非貨幣學派，有劉大中、王作榮、張則堯、陳聽安、陳文龍及其他人士，包括經濟部長孫運璿。他們與大多數被認爲保守派學者和經濟決策者則支持蔣經國的十大建設項目。

在 1973 年前的二十到二十五年間，臺灣經歷了經濟發展和生活水準的提高，經濟政策強調出口和積累外滙儲備。但是，私營領域過分強調了出口，忽視了國內消費，並盲目的追逐利潤，導致社會倒退。其後，經濟氣氛又受到大氣污染、水質污染和道德水準下降的不利影響。人們拋棄了對社會的責任感，生活水準和質量都降低了。的確，臺灣經濟得到了加速發展，人們賺到了錢，也有外滙儲備，但是，過分強調賺錢，造成了反社會性經濟。這一點及其它潛在的危害值得臺灣民衆和政府去思考。

三、政策的執行

七十年代國內和國外的變化要求臺灣經濟進行調整。當時發展了兩項計劃：1972 至 1976 年的第六個四年經濟發展計劃和 1976 到 1981 年的六年經濟發展計劃。參見表 4 之 1。

表 4 之 1　　七十年代臺灣經濟發展策略

（臺灣七十年代經濟階段所執行的政策）

臺灣經濟	七十年代策略執行情況
1972～1976 年	第六個四年經濟發展計劃； 加速發展資本和技術密集型產品； 推動對外貿易。
1972 年 9 月 27 日	宣布，1973 年 2 月 1 日實施加速農村發展 9 點計劃： 改善農業信貸系統； 推動農業銷售； 建立特種農產品區； 加強農業研究； 鼓勵在農村建立工業設施； 加強農村基礎設施； 取消以稻米換化肥制度並降低肥料價格； 推廣改良的魚類養殖技術； 減輕對農民的稅收。
1973 年 6 月	控制物價，穩定 11 種商品價格。

1974 年 1 月	十大建設項目：
	中山高速公路；
	鐵路電氣化；
	北迴鐵路；
	臺中港；
	蘇澳港；
	中正國際機場；
	核能發電廠；
	大鍊鋼廠；
	高雄造船廠；
	石油化學工業。
1974 年 7 月 26 日	爲穩定物價制定貨幣經濟結構法規；
	決定穩定當前臺灣經濟。
1974 年 11 月 14 日	爲解決國內危機提出 14 項貨幣和財政解決方案；
1975 年 9 月	農業發展法。
1976～1981 年	六年經濟發展計劃：
	強調節能工業；
	發展資本密集和技術密集型產品；
	擴充和更新出口工業設施；
	貨幣政策，新臺幣增值 5%；
	延緩基礎設施建設；
	降低進口關稅，修改控制進口政策。
1977 年 8 月	對 10 類 73 項的投資改善政策。
1979 年	科技發展法。

1979 年 10 月	12 個新的發展項目：
	新的跨島高速公路；
	環島鐵路；
	中鋼擴建工程；
	核能發電廠；
	臺中港擴建工程；
	新城鎮與住宅工程；
	高屏地區交通改善工程；
	區域排水系統；
	修水壩和防洪堤；
	屏東—鵝鑾鼻高速公路拓寬工程；
	實現農田機械化；
	建立文化中心。
1980 年	修建新竹科學工業園區；
	建設 1151 項策略工業，實行貨幣／稅收刺激計劃，政府對技術和銷售進行支持。
1982 年 6 月	自動化生產推動計劃；
	成立自動化生產指導委員會以發展新技術產品和淘汰傳統工業；
	衛星工廠計劃；
	銷售體系。

　　七十年代的第一個重要經濟政策，即第六個四年經濟發展計劃，把加速發展資本和技術密集型產品與推動對外貿易和出口工業相結

合。臺灣需要提高其國際競爭能力，改善投資環境，推行現代管理技術及推動科學研究。在 1972 至 1976 年階段，鼓勵發展纖維、化學、紡織品、建材、金屬和製造業。一個重要的項目是建立北—南石化工業中心。其餘的項目包括一座汽車配件廠和一座鋼廠。

六年經濟發展計劃強調節能工業、進口能源代用品、加速資本及技術密集型產品發展以及更新工業設施。許多進出口設施需要更新，以便在國際市場上取勝。六年經濟發展計劃推動軍事與實業領域間的合作，努力增加國防工業的銷售，促進工業技術的研究和發展，並對中小工業企業和個體事業進行引導。臺灣政府探求現代化管理和工業組織技術，以改進臺灣產品的質量，提高它們的國際聲譽。1976 至 1981 年階段所發展的工業比 1972 至 1976 年四年經濟發展計劃期間還要多。

在以上兩個經濟計劃指導下，節約能源和技術密集型工業不論在衰退或繁榮的階段都通過有效的管理增強了競爭力。節約能源和技術密集型工業避免了國際經濟危機所帶來的許多問題。在整個危機時期，這些工業在臺灣的經濟中繼續得到發展。政府的政策與經濟發展計劃共同努力改善投資環境和穩定經濟。由於臺灣對外貿的依賴和易受國際經濟危機的影響，石油價格的飛漲和國際性通貨膨脹，使國內經濟遭受材料短缺之苦。投機商人囤積材料使通貨膨脹進一步加劇。臺灣政府又採取了其他措施以解決這些問題❸。

貨幣政策包括把新臺幣增值 5% 中央銀行發行了債券和儲蓄券，調整了利率，並將抵押政策引入銀行貸款。

延遲國家基礎設施建設 臺灣政府延遲支付公共建築建設款項。

降低進口關稅並修改進口控制政策 解除了過去對兩千多種商品的進口控制，允許其進口。開放新的進口區域，包括東歐國家在內。

臺灣政府還削弱了進口刺激制度，禁止出口木材、水泥、船隻、紙和鋼材，並增加了工農業材料的生產。

對公用商品、公有企業產品和公用事業實行價格控制 1973 年 6 月，政府穩定了 11 種商品的價格。爲防止私營領域囤積、投機和壟斷，對小麥、穀類和大豆的進口給予補貼。

執行了降低出口成本和解決政府預算問題的政策，但結果並不理想，反而造成資源分配不均和預算不平衡，看來需要作出改變❹。

臺灣政府認識到市場機制是好的，發布了穩定物價的政策和貨幣經濟建設條例。政府不再控制物價，但仍保留對石油、電力和節約能源設施的管理。臺灣調整了大豆和小麥產品的價格，從固定價格改爲議價。對預算進行控制和調整，實行選擇性信貸控制，調整利率和穩定物價政策，使物價上漲速度減緩❺。

國際經濟危機仍在繼續，即使物價狀況有所好轉，但國內企業仍遇到許多困難，出口量減少。臺灣政府於 1974 年 1 月 26 日宣布了「穩定當前臺灣經濟的方案」。貨幣和財政政策緩和了通貨膨脹的壓力，但是對日益惡化的國際經濟却無能爲力。爲解決國內經濟危機，臺灣政府於 1974 年 11 月 4 日又提出另外 14 項貨幣和財政經濟解決方案，包括放鬆禁止修建五層以上樓房的規定。政府在保護國內工業、降低稅收政策和採取方便的貨幣政策方面作出努力。另有物價督導會報對私營領域的投機行爲進行監督❻。

由於國內經濟形勢十分嚴峻，因此，1974 年 11 月 4 日提出的 14 項財政經濟解決方案對緩和臺灣的衰退所起作用並不大。刺激投資的成效不佳，政府對經濟形勢頗感擔憂。自 1975 到 1977 年，貨幣和財政政策的作用很有限。

1977 年 8 月發表了對 10 類 73 項的投資改善政策❼。該政策是爲

了刺激投資，簡化投資手續，改進稅收結構，提高貨幣和投資政策的功效，擴大公共住宅建設和鼓勵私營領域對公共住宅投資而制定的。投資改善政策加強了現代化管理觀念和組織的完善。外交部引導私營領域成立大規模國際公司以促進進出口。員工培訓計劃提高了臺灣的工業地位，保護了勞工，並鼓勵勞工和管理人員間的合作以利生產。但是，1977 年 8 月的投資改善政策對經濟所起作用甚微，國際危機的形勢使政策的效能受到限制，但是 1977 年的形勢仍要比 1974 年好得多。

十大建設項目 六十年代後期，臺灣認識到它的經濟基礎設施存在缺陷。1973 年 12 月以後, 臺灣發動十大經濟建設：中山國家高速公路、鐵路電氣化、北迴鐵路、臺中港、蘇澳港、中正國際機場、核能發電廠、大鍊鋼廠、高雄造船廠和石化工業。這 7 個基礎設施和 3 個投資巨大的工業建設項目是七十年代經濟政策的中心，有助於資本和技術密集型產品的長期再發展。

十大建設項目促進了臺灣七十年代的經濟發展。政府支出對國內經濟的嚴重失調起了穩定作用。十大建設開始於 1974 年 1 月，並在五年內完成。總投資 3000 億臺幣，來自公債和外債。到 1979 年，十大建設的大部分項目已經完成 ⑱，比原計劃提前了兩年。這些項目緩解了經濟蒙受的壓力，也有助於經濟復蘇。

行政院長蔣經國繼十大建設項目之後, 於 1979 年 10 月提出了 12 個新發展項目，包括：新的跨島高速公路、環島鐵路、中鋼擴建工程、核能發電廠、臺中港擴建工程、新城鎮和住宅工程、高屏地區交通改善工程、區域排水系統、修建水壩和防洪堤、屏東—鵝鸞鼻高速公路拓寬工程、農田機械化和建立文化中心等。十大建設項目和 12 個新發展項目對緩和臺灣的衰退和經濟結構的長期改善立了大功 ⑲。

　　此外，六十年代的經濟發展亦有益於七十年代的工業發展和擴大出口。但是，大量的勞動力轉入工業領域，造成了農業勞動力短缺，並增加了七十年代農業經濟的生產成本。爲了緩和農業危機，於 1972 年 9 月 27 日，臺灣政府公布了「加速農村發展 9 點計劃」。計劃的重點包括：改善農業信貸系統，推動農業銷售，建立特種農作物區，加強農業研究，鼓勵在農村建立工業設施，加強農村基礎設施，取消以稻米換化肥制度，降低肥料價格，推廣改良的魚類養殖技術，以及減輕對農民的稅收。這些措施從 1973 年 12 月 1 日起實施。到 1975 年 9 月，農業發展法全面實施。

　　臺灣強調在城鎮地區發展工業，但同時仍然注意農村的經濟建設。這種政策對農業社會十分有利。政府致力於農業發展，所得反應極佳，到 1979 年，臺灣的工業結構得到改善。成功的經濟建設造成能源消耗提高。從農業社會轉入工業社會後，臺灣需要能增值的工業，爲了達到這一目的，臺灣着重發展高科技和高效能產品。

　　在農業領域方面，有關大規模機械化、現代化管理和生產特殊產品的政策出現，在不適於實行大規模機械化的土地上發展特種農產品區。七十年代的經濟政策和措施使工農業領域的水平在國際上出現危機時仍得到提高。

　　1979 年，行政院爲了發展節約能源和高技術工業，成立了一個科技諮詢委員會，公布「科學技術發展條例」。1980 年，新竹科學工業園區建立。政府號召優先發展對臺灣未來經濟發展具有價值的 1151 個策略性工業和制定相應的鼓勵政策。爲發展這些工業，貨幣計劃、稅收刺激計劃、政府對發展技術、管理和銷售的支持紛紛出現。

　　1982 年 6 月提出的「生產自動化推動計劃」發展了新技術產品的生產，淘汰了傳統工業。這一政策確定了發展經過改進的能增加產值

的產品，以及能在國際市場上進行競爭的產品。工業在政府的指導下擴大了國內生產。楊氏鋼鐵公司、國泰塑膠公司和其他企業都從政府的鼓勵措施中獲利❷。

臺灣政府制定了衛星工廠計劃。這一計劃是要建立一個金字塔形的工業格局，將許多工廠像衛星一樣分布在一個中心工廠周圍進行運作，使從原材料、半成品到成品生產形成一個單一流水生產程序。各個衛星生產設施要協調配合，有效完成每一生產步驟。

政府組織了一個銷售體系，使生產和銷售聯繫起來以更有利於出售。政府還採取了其它計劃，成功地實現了生產自動化，發展了策略性工業、衛星工廠以及設立了生產和銷售組織。臺灣政府制定了敎育計劃，培訓工人掌握在經濟發展的各個階段所需的自動化技術。

從 1979 年到 1982 年期間，實行農業機械化每年所費資金累計達 20 億臺幣（約 4550 萬美元）。這些資金對爲改善生產技術和銷售提供低息貸款，對農業經濟有很大幫助。

由於臺灣經歷了兩次石油危機，因此需要有能夠改進技術、發展和完善經濟結構的政策。經過最初的試驗和失誤後，臺灣經濟取得成功，旣穩定了物價，又發展了經濟。但是，從實際考慮出發，政策的重點首先是穩定物價，其次才是發展經濟。政府的政策是按物價穩定是國家的優先考慮這一設想執行的。由於對 1949 年以前的中國、七十年代的南韓和拉丁美洲的高度通貨膨脹心有餘悸，臺灣政府決定將穩定物價置於發展經濟之上。

在學術界內，經濟學家們就究竟是先穩定物價還是先發展經濟展開爭論。貨幣學派認爲穩定物價比發展經濟更重要，而另一些人則認爲經濟發展是價格穩定的最好基礎。貨幣學派認爲有必要用增加供應來抑制需求，從而達到穩定物價的目的。臺灣政府決定，七十年代的

經濟發展政策應將穩定物價放在首位。

四、政策對七十年代經濟的影響

在七十年代中，臺灣感受到國際衰退的影響。由於國際經濟的惡化，各國被迫採取**保護主義**。實行開放型經濟制度的小國家和地區，如新加坡、南韓和香港受害最嚴重。臺灣的資源管理和資本技術策略為緩和危機造成的影響進行了艱苦的努力，幸運的是臺灣實行了有效的經濟應急政策。

七十年代經濟問題得到解決證明臺灣的經濟政策是有效的。為了躲避災難性的國際經濟形勢的影響，臺灣意識到必須在國內發展在六十年代極為重要的技術和資本密集型工業，才能不受國際經濟的不良影響。提高經濟實力成為首要目標。臺灣的決策者們取得了採用和執行正確經濟措施的經驗。過去的正確和錯誤的政策以及試驗和失誤鍛鍊了七十年代的決策者們，使其能夠調整政策，以完全適應當時的經濟環境。

七十年代的經濟環境雖然不像六十年代那樣好，但臺灣的經濟仍比其它發展中國家要強。臺灣超過了其它發展中國家，甚至超過了一些具有較好經濟基礎的國家。考慮一下以下的因素：

價格變動　通貨膨脹率雖高，但仍低於其他發展中國家。批發價格在 1973 到 1974 年，以及 1979 和 1980 年間上漲很快。消費品價格受到進口價格提高的影響，心理因素也影響了價格。在臺灣，通貨膨脹率高達 12.8%，但在許多發達國家則更高[21]。

經濟增長　在七十年代，臺灣的年平均經濟增長率為 9.7%。與亞洲其它新興工業化國家相比，臺灣的發展是健康的，它的國民生產總值增長率與南韓相同，但比香港或新加坡增長都快[22]。

失業率　臺灣的失業率在七十年代保持在 1～2% 之間，在國際經濟危機中是全世界最低的。這是一個巨大的成就。**㉓**

國際收支平衡　除了在 1974、1975 和 1980 年出現國際貿易赤字之外，臺灣在整個七十年代幾乎都是順差，而其它發展中國家則每年都有貿易赤字**㉔**。

收入分配　臺灣的中小型企業的經濟結構有利於收入的平均分配。農業機械化和改善銷售增加了農民的收入，使農村地區的收入分配得以平均。1980 年，百分之二十的高收入人口的收入是百分之二十的低收入人口收入的 4.175 倍。臺灣的收入分配情況要比其它許多國家好得多**㉕**。

儘管經歷了石油危機和經濟衰退，臺灣仍取得了成就，爲其它發展中國家提供了經驗。臺灣在七十年代的表現，爲在危機階段如何運行經濟提供了一個榜樣，值得發展中國家和臺灣未來的經濟發展很好地參考**㉖**。

第二節　二十世紀八十年代走向繁榮

一、對外經濟

在八十年代，美國出現了國際收支赤字，保護主義繼續盛行。由於美國的競爭力減弱，對美國的製造商來說，實際工資支出過於龐大，美國製造商們爲了避免高漲的勞力和生產成本，避免發展勞動密集型產品，從而爲來自新興工業化國家和地區如臺灣、南韓、新加坡和香港的產品加入競爭讓出道路。

1980 年以後，雷根總統削減稅收並增加防務開支。美國政府已入

不敷出，1984 年，美國的預算赤字達到 1,000 億美元❷。聯邦儲備銀行為提高利率和打擊外國資本而操縱貨幣供應，造成國際貨幣市場上對美元的需求。由於美元價格上漲，美國產品就更難以出口。1982 年以後，美國國際收支平衡赤字一年比一年高。

　　為了降低居高不下的失業率和國際收支平衡赤字，美國政府官員於 1985 年 9 月 22 日與來自其它工業化國家，如英國、法國、日本和西德的官員們會晤。管理貨幣的領導人們決心為幫助美元，便利美國產品出口和降低美國國際收支赤字而合力施壓。

　　美元的升值繼續引起嚴重的收支平衡困難，這些困難與高失業率結合在一起，引起了美國的政治問題。美國政府與有貿易順差的國家進行談判，但結果並不成功。保護主義是通過自動約束出口的形式建立的。亞洲的新興工業化國家和日本等貿易順差國家受到了特殊的壓力，要求它們自動約束出口。

　　八十年代的石油價格相當穩定。工業化國家為保存能源，發展高效利用能源的工業和石油代用品的生產。由於國際間的共同努力，減少了對石油的需求，使石油輸出國組織的討價還價實力下降。供求矛盾的變化迫使石油輸出國重新考慮其石油生產政策。

　　1983 年，英國北海石油生產商將石油價格削減每桶 3 美元，石油輸出國組織的油價仍保持穩定。從 1982 年到 1985 年，石油輸出國組織的油價從每桶 34 美元降到 29 美元，降低了 14.7%，這在石油輸出國組織的二十二年的歷史中是從未有過的❷。世界石油市場在 1985 年依然供大於求。沙烏地阿拉伯的石油產量下降到十年來的最低點，1985 年 9 月，它實行了石油價格浮動。沙烏地阿拉伯的石油供應商向已簽訂合同的石油進口者提供折扣，造成油價大幅度下跌，從開始時的每桶 20 美元跌到後來的 12 美元。石油價格在 1989 年保持了穩定。油價

降低有利於全世界的經濟發展，主要的發達國家的外滙儲備有了極大增加❷。

對技術的研究和發展使得原材料的生產得到提高。從 1972 年到 1985 年，國際農業生產增長了三分之一，這是史無前例的。林產品、金屬製品和礦產品增加了 20～35%❸。對國際市場秩序和價格穩定很有利。

但是就在此期間，拉丁美洲、非洲和東南亞的一些第三世界國家承擔了沉重的國際債務負擔。它們的經濟發展策略與東亞的新興工業化國家不同。不像東亞新興工業化國家那樣，這些第三世界國家發展的是一種進口替代經濟，從第一期進口替代向第二期進口替代發展。採用這種策略是一個嚴重錯誤，拉丁美洲國家的出口減少了 10%❹。在八十年代初的國際競爭中，第三世界國家的經濟力量受到削弱，外滙儲備下降。

國際貨幣市場的利率很高。巴西在 1982 年的外債總額爲 85.5 億美元，墨西哥約爲 800 億美元，阿根廷約爲 380 億美元 ❺。由於許多工業化國家採取了保護主義措施，使拉丁美洲國家的產品很難出口，加深了外債危機，乃至 1987 年 2 月，巴西的外債增至 1080 億美元，阿根廷達到 520 億美元，委內瑞拉也達到了 320 億美元 ❻。巨額外債再加上其它經濟問題困擾着拉丁美洲國家。

二、 國內經濟

1982 年以後，臺灣的外貿順差和外滙儲備持續增長。1987 年，臺灣的外滙儲備約爲 530 億美元，1988 年約爲 720 億美元，而到 1989 年則達 760 億美元。外滙儲備的增長帶來了國內貨幣供應（包括準貨幣供應）的增長，1988 到 1989 年間增長了 43.3%。通貨膨脹的壓力升高

了。臺灣的出口是以美國市場爲方向的，而美國的國際收支平衡並沒有明顯改觀❸❹。在經濟問題困擾着臺灣外滙儲備和對美出口的這一時刻，美國對臺灣施加了政治壓力。

1986 年中美談判的結果使臺灣向進口美國煙草和酒類開放了市場。美國對臺幣的比價下跌，從 1986 到 1989 年，臺幣上升了約 40%❸❺。儘管某些特定的臺灣商品承受着壓力以及臺幣升了值，但臺灣與美國之間的貿易仍不斷出現問題。

臺灣的投資勢頭削弱了。1985 年，投資僅占國民生產總值的 18%，而儲蓄則占 31.5%❸❻。1986 到 1989 年間，情況變化不大，儲蓄高於 30%，而投資却低於 20%❸❼。臺灣的中國人對臺灣經濟（與政治）前景持悲觀態度。到八十年代末，資金外流造成外滙儲備減少。新臺幣遭受反作用，不得不貶值。

八十年代給臺灣帶來了一些好處。隨七十年代經濟迅猛發展同來的空氣污染、水質污染、道德衰敗、社會秩序混亂以及交通混亂，促使臺灣重視生態環境。經濟發展政策雖仍繼續，但企業家們則受到壓力，要他們具有社會責任感和環保意識。臺灣民衆認識到，生態和環境對於生活質量至關重要，環保意識加強了。

在加強經濟法規和秩序的同時，計劃也有所改善。國民生產總值提高了，但人們的機會主義思想也更深了。統計表明，經濟計劃的範圍是廣泛的，但是地下經濟仍占臺灣國民生產總值的很大一部分，這種不正常情況引起了經濟和社會問題。

臺灣八十年代的經濟問題集中表現在巨額的出口順差、極少的投資刺激以及環保意識與經濟增長之間的矛盾方面。經濟政策注意到這些問題，因爲如不予以及時注意，出口順差將會繼續增加。對投資的刺激應予加強，否則長期生產力將受到影響，在國際市場上的競爭力

也會減弱。那時，生活質量和環境將惡化——這是經濟發展的代價——還將出現貿易問題。臺灣必須繼續關注環境問題，不然長期的經濟增長將受到損害。當人們繞開法規和鑽法律漏洞的時候，受到損害的是經濟。

三、經濟計劃和執行計劃的十年

臺灣制定了從 1980 到 1989 年的「十年經濟發展計劃」❸，其目標包括：年平均經濟增長率達到 7.9%；通貨膨脹率低於 6%；失業率低於 1.3%，商品和服務出口實際增值 12.4%；而服務與商品的進口每年實際增值 12.5%❸。

政府的策略強調科學技術的發展，並鼓勵私營領域參加經濟活動。公有工業的私有化保持了經濟的自由市場功能和價格機制，並把公營領域向投資開放。私營領域投資的增多加強了私有經濟的活力及其經濟實力。臺灣政府還推動策略性機械和資訊工業及自動化系統的發展以改善總體工業結構。

能源節約有利於未來的經濟發展。臺灣所需汽油供應的 99.5% 需要進口，而國內所能提供的汽油、太陽能和煤的總量還不到臺灣能量需求量的 20%。

四、政策的執行

「十年經濟發展計劃」反映了臺灣企圖成為一個經濟發達地區。雖然八十年代的經濟策略與七十年代相類似，但在深度上有所區別。技術先進、資本密集和節約能源的工業發展起來了。參見表 4 之 2，八十年代經濟政策時間表。

國際市場上勞動力的競爭和發展中國家能夠提供廉價勞動力，使

臺灣經濟在勞動密集型輕工產品出口和替代商品進口方面的優勢被削弱。向高技術工業投資的刺激仍然不多，國內投資者對於技術和資本密集型工業不感興趣，而與此同時，勞動密集型工業正又逐漸失去競爭力，前途渺茫，臺灣必須繞開經濟障礙。臺灣的工業出現眞空，臺灣經濟只發展了一些次要的而且是非生產性的輔助性工業，如金融服務、旅遊和服務業。八十年代的經濟計劃着重技術和勞動密集型產品的生產以及高效利用能源的工業，但是這些目標實現的並不多。

表 4 之 2　八十年代經濟政策的時間表

臺灣經濟	八十年代政策執行情況
1980～1989	十年經濟發展計劃
1980	新竹科學工業園區
1981	政府科學及技術經濟策略
1983	研究與發展預算增加 12.89%
	8 類優先發展的工業：
	能源、高科技工業、資訊、自動化、生物工程、電視技術、食品、醫藥。
1986	行政院院長辦公室成立經濟改革委員會，提出 4 類六項改革方案

資料來源：經濟建設委員會經濟研究處，《中華民國，臺灣的經濟現代化進程》(臺北，經建會經研處，1986)，第 35 至 36 頁，第 75 至 76 頁。

這一個十年實際上是一個過渡時期，臺灣的經濟目標時而模糊，

時而矛盾。農業和工業領域的發展不平衡，保護主義與競爭優勢之矛盾重重，公有和私有工業企業之間、外國與國內資本之間、小型和大型工業企業之間相爭不休。競爭與效率相互搏鬥，這就是臺灣在八十年代的狀況。

在此時代裏，臺灣曾有兩位經濟部長，即趙耀東和徐立德。他們在多次講話中提出了對經濟問題的解決辦法及類似的決定與政策，包括公有企業的私有化及發展大型工業的大規模經濟的好處，其着重點在於自由經濟體制、貿易自由化、對某些特定商品實行保護主義，以及爲達到短期和長期經濟目標而良好及有效地發展工業。兩人加強臺灣的經濟基礎以增加稅收，並使製造工業現代化，以對其它工業的發展產生積極影響。

1983 年 1 月，臺灣政府決定給予 8 個策略工業區以經濟發展優先權，政府的政策推動了這些策略性工業的研究和發展。1983 年的研究與發展預算較 1982 年增加 12.89%，約占國民生產總值的 0.71%❹。政府增加了教育和培訓計劃，發展技術熟練工人參加生產，培訓學生成爲新竹科學工業園區未來的科學家。加速從發達國家引進技術，鼓勵多國公司設在臺灣，進行資金、技術與管理技巧的交流。臺灣採取上述措施以使經濟晉級，但結果不如預想的那樣。工資支出過高，使投資者望而卻步；當國際市場產品需求量低於臺灣所能供應的數量時，價格卻居高不下。臺灣商人們對勞工法不熟悉，廠長們爲保護勞工而損害了業主的利益，對投資的刺激力降低，以上這些論證對臺灣的社會經濟體制來說可能是臺灣特有的，但它與文化、社會觀念、法律和法規等一起造成了結構經濟上的問題。

在 1986 和 1987 年，行政院院長辦公室設立了一個由學者、企業家和政府決策者共同組成一個以半年爲期的經濟改革委員會，研究財

政與貨幣政策以及貿易、工業和經濟管理問題。經過爲時六個月的評估，該委員會建議在四個方面進行改革，臺灣政府對這些建議進行了認眞的考慮。

1.建立一個合理的經濟制度　包括稅收制度、政府開支和貨幣秩序的合理化；

2.強調貿易和經濟自由化　減少對外滙的控制，以及削減公有企業。提高利率和銀行業的自主化，在平等的條件下以及公平競爭的基礎上建立私營和公營企業；

3.改善經濟管理的效率　對經濟管理部門進行重新組合，建立和創造合理環境，以利於企業管理人員指導業務；

4.改善經濟紀律　爲企業制定信貸與控制制度。

五、八十年代政策對經濟的影響

雖然出現了以上各種問題，臺灣在八十年代仍然享有經濟的高速增長和社會利益的提高，經濟增長和社會建設同時呈現。技術和工業結構的調整雖不甚理想，但臺灣產品在國際市場上却到處可見，臺灣經濟在國際經濟體中終於有了一席之地。1984 年和 1985 年，臺灣經濟受到經濟衰退的一定影響，但經濟增長仍很正常，八十年代的經濟指標一如往常。

經濟增長　從 1980 年到 1986 年，年經濟增長率爲 7.15%，1986年爲 10.77%。1987、88 和 89 年，經濟增長率均超過 9%。臺灣的經濟持續增長，國民生產總值的人均值驚人提高❹。

價格水平　1984 年，批發和零售價格均有所下降。國際和國內經濟緊張形勢迫使臺灣中央政府不得不設法對付貨幣供應和增值稅收制方面承受的壓力，臺灣得以成功地維持了價格水平。

失業 在八十年代，臺灣的失業率約爲2.5%，稍高於日本，但大大低於南韓，更遠遠低於美國和歐洲。表4之3的統計數字表明在發展中國家遭受經濟衰退的影響時，其失業率就會提高。與之相反，臺灣在整個八十年代始終保持低的失業率。其原因或許與臺灣特殊的經濟文化有關。臺灣民衆嚴格、勤勞，其儲蓄率很高。臺灣就業市場的薄弱部分雖也遇到許多困難，但不像歐洲和美國那樣嚴重。

臺灣就業市場的成就隨人員的性別和所受教育程度而異，教育程度越高的人失業率越高。此種現象使得臺灣嚴重缺乏勞動力。可以從表4之4查出臺灣一九八五年的失業率。

表4之3 八十年代國際失業率

八十年代的失業率（約計）	
臺灣	2.50%
日本	2.47%
南韓	4.02%
美國	6.10%
德國	8.43%
法國	10.83%
義大利	10.78%
英國	11.60%

資料來源：經濟建設委員會，《臺灣統計資料各期》（臺北，經建會經研處）。

表4之4　1985年失業率（按敎育水平計）

	失業率	
男性	大學程度	4.49%
	中學程度	3.92%
女性	大學程度	5.25%
	中學程度	5.74%
男性與女性		
	小學程度	低於 1.21%

資料來源: 行政院主計處,《中華民國社會指標統計》(臺北, 行政院主計處, 1986), 第21頁。

貿易　臺灣八十年代的進出口增長率很高。每年經濟都有貿易順差, 外滙儲備也逐年增加。到 1989 年, 臺灣外滙儲備總額達 760 億美元, 僅次於經濟大國日本。

臺灣八十年代經濟的統計數字顯示出其發展迅速及物價穩定, 經濟在正確的軌道上繼續發展。但是, 對九十年代來說, 提高技術和擴大資金仍是一個需要解決和應給予重視的問題。

第四章　註釋

❶　行政院經濟建設委員會經濟研究處,《國際經濟周刊》(1973 年 12 月 8 日)。

❷　同上。

❸　同上。

❹　同上。

❺　同上。

❻　同上。

❼　同上。

❽　行政院經濟建設委員會,《臺灣統計資料 1990》(臺北, 行政院經建會, 1990),
　　p.59。

❾　同上。

❿　同上。

⓫　行政院主計處,《中華民國社會指標統計》(臺北, 行政院主計處, 1986), p.
　　9。

⓬　一些著名貨幣學家如蔣碩傑、劉大中和陳昭南等並不贊成政府這種花錢辦
　　法, 最後由蔣經國院長對此類問題作出決定。

⓭　王作榮,《我們如何創造經濟奇蹟》(臺北, 中國時報出版公司, 1984), pp.
　　97~98。

⓮　同上。

⓯　同上。

⓰　同上, p.100。

⓱　經濟部,《改善投資環境的有關決定》(臺北, 經濟部, 1977)。

⓲　十大建設項目的完成可以說是臺灣外滙儲備快速增長高達 760 億美元的原
　　因。

⓳　這些項目是 1979 年開始實施的十大建設項目的繼續, 並成爲六年經濟發展

計劃的一部分。

⑳　1952 年的工業發展委員會爲實業家們提供了極佳的投資機會，並制定了如低稅收和低利率等刺激計劃。

㉑　行政院主計處，《中華民國社會指標統計》（臺北，行政院主計處，1986），p.9。

㉒　行政院主計處，《中華民國經濟統計》（臺北，行政院主計處，1985），p.47。

㉓　同上，p.34。

㉔　同上，p.53。

㉕　行政院主計處，《中華民國社會指標統計》（臺北，行政院主計處，1986），p.10。

㉖　高棣民，《臺灣奇蹟中的國家與社會》（Armonk，紐約；Sharpe，1986），pp.4～5；西蒙·庫茲納，《現代經濟增長：比率、結構和擴展面》，（紐約，費弗與西蒙公司，1986），pp.198～199。

㉗　經濟建設委員會經濟研究處，《國際經濟周刊》（1985 年 3 月 20 日），p.5。

㉘　同上。

㉙　同上。

㉚　同上。

㉛　經濟建設委員會經濟研究處，《拉丁美洲經濟：過去、現在和將來》（臺北，經建會，1983），p.132。

㉜　同上。

㉝　同上。

㉞　經濟建設委員會經濟研究處，《1989 年臺灣經濟形勢簡報》（臺北，經建會，1989）；經濟建設委員會經濟研究處，《臺灣統計資料 1990》（臺北；經建會，1990）。

㉟　兌換率變化：自 1986 年的 1 美元兌 40 元新臺幣到 1989 年 1 美元兌 26.5 元新臺幣。

㊱　經濟建設委員會，《臺灣統計資料 1990》（臺北，經建會，1990），pp.54～59。

❸❼ 同上。

❸❽ 經濟建設委員會,《十年經濟發展計劃 (綱要)》(臺北, 經建會, 1980)。

❸❾ 同上。

❹⓪ 行政院主計處,《中華民國社會指標統計》(臺北, 經建會, 1986), p.9。

❹① 經濟建設委員會,《臺灣統計資料 1990》(臺北, 經建會, 1990), pp.33～37。

第五章　國營企業在臺灣經濟中的作用

第一節　國營企業的發展

在 1840 年中英戰爭後，清朝意識到國家控制某些工業能增強國力。清政府注重軍事工業化，標誌著中國國營工業的開始❶。在 1894 年中日戰爭後，輕工業、私營工業和鐵路建設在中國出現，但日本人、英國人和法國人控制了許多這類工業。雖然清政府認識到國有工業的重要性並且繼續尋求它渴望的經濟自主權，但不幸的是它無法自己建立這些工業。

在 1911 年中華民國成立時，中國經濟落後，生活水平亟待改善。孫中山採取了混合經濟，即以國家開支和國有工業為中心的社會資本主義經濟體系。孫中山建議政府在中國經濟發展中應扮演主角。他不反對私營企業，而且事實上他也為發展中國極有限的私營企業努力過。孫中山不願讓外國工業操縱中國社會並為富民強國的目標而奮鬥。孫中山的理論和國民政府的政策反映了公有企業的重要性。雖然中國政府繼續認定國營經濟的重要性，但是從 1911 年民國成立到 1945 年抗日勝利，中國的內外政治經濟困境只允許極少的國營企業發展。

國民黨在臺灣接管了日本殖民政府建立的工業。民族工業政策和耕者有其田政策互為補充。政府發行股票實現國營企業向私營領域的

轉讓。許多輕工業和重工業仍處於政府控制之下，它們是臺灣經濟發展所需的歲入和外滙來源。

在四十年代後期，臺灣有三類國營工業。原來日本人擁有的企業，如：榨糖、發電、化肥、水泥、造紙、黃金和採銅工業，歸國民黨政府所有；國民黨政府在 1949 年前創辦的工業與行政機構一起移至臺灣的：中國紡織公司、中國石油公司、中國工程公司和中國漁業公司。國民黨來到臺灣後建立的國營企業改編了以前由私營領域經營但管理不善的企業。臺灣鋼鐵公司、臺灣煤炭發展公司、新竹煤礦公司和農用化學公司被重新組合爲以下國營公司：中國石化公司、臺灣中央化學工程公司、中國鋼鐵公司、中國造船公司、臺灣機械公司和臺灣鋁業公司。

國營工業推動了臺灣的早期工農業發展並有助於於改善人民生活。它在五十年代有利於國民經濟的穩固、經濟增長和發展。效能差的國營工業在六十年代的貢獻比以前小了，但國營工業在臺灣四十年的經濟發展史上仍是一個重要角色。1982 年的資料表明國營工業占國民工業經濟發展的 20%以上❷。

在公有企業中，產品價格取決於政府對總體經濟價格水平的影響。政府通過控制產量的方法調整經濟需求。政府所有制防止私人資本家壟斷獲得的超額利潤並且引導工業爲經濟平等做出有益的貢獻。最重要的是政府投資用於提升經濟，向資本和技術密集型項目發展，形成先進的國民經濟並有助於經濟增長。公營企業能提供政府歲入，有利於政府財政運轉。

圖 5 之 1 和 5 之 2 顯示了公營企業的最佳狀態。請注意國家工業的四個定義，即臺灣國營企業的參數。

一、是人民想要和需要但又不能自己提供的產品

私營領域缺乏這方面的能力。雖然這種工業可能賠錢，但政府急人民之所急，自告奮勇生產這種產品。

二、是人民需要而且能自己生產但不願生產的產品

政府根據人民的需求控制生產，因為民眾不願意生產這些產品。

三、是所有者能得到許多好處和超額利潤的潛在壟斷產品

在這些情況下，由政府經營這種工業，因為個體所有者的超額利潤將產生社會不公平。潛在的高利潤壟斷工業屬於政府而不是個人。

四、是人民能夠生產並希望生產但不利市場秩序的工業產品

但私營領域的生產可能導致市場失序，破壞市場機制和有害於自由經濟。在這種情況下，政府控制生產，進入市場，參與競爭並且引導市場走向自由經濟。

圖 5 之 1　私營與公營企業的最佳混合

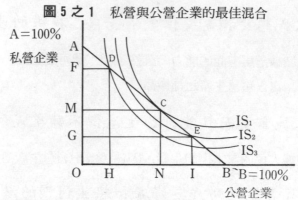

A＝100%
私營企業

IS: 社會無差異曲線（社會喜好曲線）。

AB: 社會預算線。

C 點：公營和私營企業的最佳混合，即私營企業的 OM 比率和公營企業的 ON 比率。社會福利優先在這種情況下處於最大值；社會資源分配效能處於最高點。因此，IS₁社會無差異曲線表示社會滿意的最高水平。

D 點：私營工業份額過大，公營企業份額過小，即私營工業的 OF 比率和公營工業的 OH 比率。社會福利優先在這種情況下低於最大值。社會資源分配效能不在最高點。IS₃社會無差異曲線表示某些社會遺憾。

E 點：公營企業份額過大，私營企業份額過小，即公營工業的 OI 比率和私營工業的 OG 比率。社會福利優先在這種情況下也低於最大值；社會資源分配效能也不在最高點。IS₂社會無差異曲線再次說明某種社會遺憾。

C 點在圖 5 之 1 中表示總體的最佳點，即在經濟中公營和私營公司（企業）之間的最佳分配混合。這就是「社會平衡」理論。

社會平衡和資源調配在 C 點上是同義的並且不存在社會不平衡，

即社會能保持經濟效能。經濟增長隨著價格穩定和收入分配公平達到
最高點，自動獲得社會公正。一些資本主義第三世界國家和東歐的一
些社會主義經濟國家處於絕對的社會不平衡狀態。

圖 5 之 2　社會平衡與社會福利功能

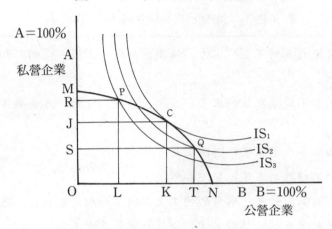

IS：社會無差異曲線（社會喜好曲線）。

MN：社會生產可能曲線。

C 點：私營和公營企業的最佳混合社會平衡。它也說明了社會福
　　　利功能的最佳經濟效能。

P 點：代表著社會失調，即私營企業 OR 過多；公營工業 OL 過
　　　少。

Q 點：也代表著社會失調，即公營企業 OT 過多，私營企業 OS 過
　　　少。

　　在上述四類企業產品中，第一類工業，人民需要但不能自己生產
的產品不能留給公營企業。這類公營企業應退到私營領域，因此在
1953 年，臺灣的水泥公司、造紙公司、工礦公司和農林公司轉回到私

營領域。

國營工業的定義是國家擁有 50% 以上的資本或公司股票的企業。所有具備這一特點的工業都被認爲是國營企業，公用事業除外。國營工業的分類見表 5 之 1。下列特徵說明了什麼是臺灣的國營企業。

表 5 之 1　國有及政府監督的工業類別

1. 具有壟斷利潤的工業：電力、煤炭、水泥、交通、運輸、郵電和供水。
2. 主要的但不是壟斷性的工業：造船、鋼廠、能源、五金礦產和汽車。
3. 有關國家安全的工業：國防工業。
4. 有關公共福利的工業：醫院和學校。
5. 以獲取國家財政歲入爲目的的工業。與第一類工業不同，該類工業包括大規模的壟斷工業：煙草和酒類專賣工業。
6. 對外部經濟有好處的工業，例如：私營領域不能發揮的研究和發展功能，只有政府進入才能做到，包括有利於經濟發展的工業。研究和發展。金融和保險公司。

經濟發展方向　公營工業有時爲了達到社會和經濟發展的目的而犧牲利潤。它們引導重點工業增加就業和改善社會福利，並在爲經濟增長和社會福利以及更好的資源分配和更有效的國民經濟奮鬥時注重社會責任，而不只是利潤。公營工業關心的不在商業利潤而在國民經濟發展。

規模經濟或技術密集型產品定向　往往只有國營工業擁有大量資

金去完成規模性經濟並取得大規模效能。國營工業有利於技術交流、規模性經濟和技術密集型生產。

全國性方便　一些商業必須遍布全國：每個城市、村莊和農村地區。私營工業沒有政府能提供的方便。到處都有臺灣銀行，每個街角都有它的分支機構。每個城市都有臺灣電力公司，而臺灣糖業公司的辦事處遍及臺灣各地。

國營企業提供必需的基礎設施　長期利益包括能源發展和交通網絡，而這些工業與國民經濟的中、長期目標是一致的。

管理　雖然許多國營工業採用私營工業的管理形式，但國營工業可以為私營工業競爭提供系統模式並對私營領域起到工業標準的作用。所有的公司都必須遵守政府法規。國家會計或稅制就是政府工業實踐所起的一個工業標準示範。

壟斷　許多國營工業獲得高額壟斷利潤。諸如煙草和釀酒工業這樣的高利潤工業應該屬於政府。私營領域會控制消費者並且影響社會穩定、收入分配和政治。

國營企業負有多種責任：經濟發展、收入公平分配、政府歲入和國民經濟發展問題。在發展中國家中，國營公司在引導經濟發展方面起著至關重要的作用。發達國家需要國營企業保持健康的經濟。在四十年的臺灣經濟發展中，國營工業推動了經濟的奇蹟般增長。

公營公司中存在的普遍問題是缺乏經濟緊迫感，這種現象既發生在社會主義經濟裏，也發生在資本主義經濟裏。其後果是管理不善、浪費、低效率、人事錯誤（不是人盡其才），甚至投資錯誤（在錯誤的時機進行錯誤的投資）。解決方法包括管理措施和人員培訓，由立法院和監察院以及議會政治控制和監督，向私營領域轉移。如果管理不善問題得不到解決，私營領域可能趁機發財。

第二節　國營企業的私有化

　　孫中山的儒家資本主義理論描述了與西方社會資本主義不同的社會資本主義。孫中山強調經濟發展過程中公共開支和國營企業的重要性。經濟規模過大事業會對內外產生壟斷。私營領域不能永遠經營像銀行、鐵路和航空這樣的大規模事業，而這些事業應由政府擁有❸。個人所有的壟斷企業能夠輕易地操縱生產數量和價格，導致混亂和對社會的經濟危害。孫中山理論主張限制私營事業並建議把它們收歸國有。

　　孫中山理論首先確定經濟目標。如果人民不能達到這些目標，政府應該完成它們。政府優先讓私營領域發揮原由國家行使的功能。鼓勵私營領域最終取代國營領域的政策是必要的，此外，它有功於促進臺灣經濟發展的活躍進程。

　　孫中山已發表的理論具體地說明了國家的工業應分為兩部分：私營企業和國營企業。非壟斷工業可以由私營領域經營，事實上，政府應對非壟斷工業提供工業激勵和法律保護❹。孫中山的國有企業理論應從它自身的歷史條件來觀察。中國在二十年代尚是農業經濟，現代企業極為有限，許多工業掌握在外國人手裏。孫中山發現私營領域當時還無法參與國民經濟發展，同時有些私有工業本質上是壟斷性的並且其規模過大。但因為私營領域設備落後，孫中山決定主要工業由國家擁有❺。他的國營工業概念包括一系列與下列自然資源有關的工業：煤、鐵、水力、電力和石油。政府還應擁有和控制銀行、鐵路、造船和航海企業。

　　正確理解孫中山和他對國營企業的意圖是重要的。那些已被證明

是壟斷性和不利於社會生活的產品和服務行業應收歸國有。軍事、財政、郵政和電力部門應由政府控制。人民需要但又不能自我提供的基礎工業和設施如造船、鋼廠、公路、建橋也應是國營工業。

政府應提供必需的教育和研究機構服務，因為私營領域不願擁有和經營這些機構。高投入低產出的工業，如臺灣的鋁業，也由政府經營。

在市場機制下，政府參與有害於自由經濟的工業，可以引導競爭並最終使市場經濟受益。那些明確不需要由政府擁有的企業應由私營領域管理和擁有。經證明是成功的公營企業應移交給私營領域。一個企業定為公營或私營不是以意識型態為準，而是以當前經濟趨勢和客觀經濟環境為準，然後才決定某項企業歸政府或私人所有。政府根據國民經濟的如下目標制定政策，即收入公平分配、價格穩定、經濟發展和就業目標。經濟效率和國家目標形成了孫中山公營企業理論的基礎。私營領域在現代化和經濟發展中的作用越來越重要。私營企業在數量上的增加成為國民經濟發展的關鍵❻。

雖然私營領域的企業經證明更有效能，但政府經營的企業在發展中國家和發達國家中仍有一席之地。臺灣的公營企業，特別是在衰退時期，使價格穩定，就業情況和收入分配條件均得到改善，對經濟發展做出了貢獻。國營企業逐步向私營領域轉讓，加快了經濟現代化並且提高了效率。即使在私營企業成績卓著時，國營工業仍繼續發揮其積極作用。在私有化過程中，政府得到資金，私營領域取得股票，這是對臺灣經濟未來的一項投資。政府利用這筆資金開辦新的國營企業。經濟永遠有公營企業，但沒有永遠的公營企業。中國石油公司、中國鋼鐵公司和臺灣電力公司都是公營工業，它們的政策和任務在臺灣過去的經濟發展中具有策略作用。

威廉·鮑莫爾（William J. Baumol）建立一個理論：需要有公營工業去滿足私營領域的需要並且參加市場競爭。發展中國家依靠公營企業獲得政府歲入，服務於政府的經濟任務並且引導私營企業承擔社會責任❼。公營企業具有使其它企業民主化的功能。鮑莫爾的論點表明公營企業對發達國家來說是至關重要的，而臺灣的公營企業也起著類似的策略性作用。

公營企業向私營領域轉讓的私有化過程是非常重要的。政府為公營企業發行股票，私營領域購買股票，逐漸地把所有權從國家轉向個人。隨着公營企業的私有化，政府得到了需要的資金，人民在國家的經濟發展中得到了股票。

臺灣政府持續不斷地監視經濟以選擇適合公營的工業部門，然而這個過程是動態的。當公營企業轉變為私營企業時，政府同時也在注意新的公營企業。公營企業的存在有利於經濟。向私營領域轉讓所有權會產生風險，但轉讓對經濟發展極為重要❽。臺灣的經濟永遠有國營事業，但沒有永遠的國營事業。圖 5 之 3 和圖 5 之 4 說明了臺灣經濟在 1949 至 1989 年期間公營和私營企業最佳混合的經濟理論。

圖 5 之 3 臺灣私有與公有企業最佳混合的變化（1949～1989 年）

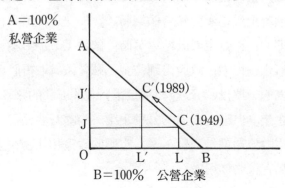

　　當臺灣經濟變得更發達時，私營企業的百分比增加，公營企業的百分比相應地降低。在所研究的 1949 至 1989 年期間，私營企業的比率從 OJ 增加到 OJ′，而公營企業的比率在同期從 OL 降至 OL′。最佳點 C 從預算線 AB 移至 C′點，代表臺灣 1949 至 1989 年經濟發展的私有化過程。這是臺灣經濟藏富於民的典型例子。

　　同時，社會生產可能性曲線自然地從 MN 增至 M′N′。臺灣經濟從五十年代典型的落後經濟成為八十年代亞洲新興工業化國家的一個重要成員。見圖 5 之 4。

圖 5 之 4　　1949 年至 1989 年臺灣社會福利功能的增長

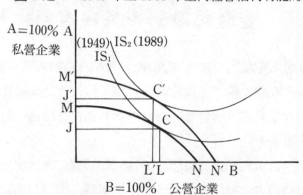

八十年代的臺灣經濟社會享有了增長的社會福利。請看 IS₁（1949 年）和 IS₂（1989 年）之間的區別。

　　困難在於確定國營和私營企業的最佳混合。臺灣需要多少國營企業？如果國營企業過多，經濟效能就會降低。國營企業與私營企業爭利不是好的經濟現象。如果國營企業過少，私營領域聚斂大量壟斷利潤則會引起社會不公正和不公平的收入分配。國營和私營企業的最佳混合取決於內部和外部的經濟狀況。必須確定國營工業的合適規模和其特徵，但必須注意，當經濟增長時，私營企業就成為現代化的關鍵。

國營企業在臺灣逐漸轉變爲私營企業。私營領域在 1989 年的總資產已占臺灣經濟的 74.38%。私有化和私營領域對臺灣的經濟發展起著重要作用。經過四十年取得的成功將繼續保持下去並保證未來經濟的健康發展。

在臺灣四十年的經濟發展史裏，私營企業是關鍵。公營企業的私有化有利於經濟增長、收入分配、價格穩定和就業目標。隨著時間的推移，國營企業的重要性有所下降，私營部門在臺灣經濟中扮演著更爲重要的角色。

第三節　臺灣的國營企業與國際比較

韓國、日本、英國、美國、法國和義大利都有長期的國有制歷史，爲臺灣國有制的管理提供了寶貴的可比資料。但經濟比較發達的國家爲臺灣制度樹立了模範。儘管每個國家的國有制在其政治、社會、文化和經濟方面有所不同

由於英國的自由放任經濟思想，許多國營工業在 18 世紀末發展起來了。《國富論》對自由放任經濟制度做出了解釋，聲稱自由經濟具有自動調節功能：自由市場制度能解決問題，並有效地分配資源。這個理論——干預最少的政府是最好的政府，設想人民的行爲是有理性的，因此不需要政府。但每個國家的經濟不盡相同，並且自由競爭導致不同的市場條件。

到十九世紀中葉，情況表明自由放任主義和自由經濟體制不總是表現出色，特別是未發達國家遇到了許多問題。在十九世紀末葉，國家社會主義出現了。自由競爭經濟體制的弱點產生了社會危機和收入分配不公平，促使政府更多地參與經濟。

不同意識型態的派別和政黨在國家的經濟中競爭。在英國，國營企業的範圍由當時的政府劃定。當工黨掌權時，他們擴大國營企業的範圍。當保守黨執政時，情況就又變了。不同的經濟學說導致對自由企業制度不同的管理方式和不同的限制。

國有制的範圍在日本和美國是有限的。強調自由市場意味著甚至基礎工業也變爲私營領域所有。國營企業的範圍在英國、法國和義大利要大一些。有些國營公司經營良好，但許多國營企業則不然。

直接影響社會福利的工業通常由國家經營。帶壟斷利潤的企業經常爲國家所有或在政府監督下經營。政府參與所有雖屬關鍵但非壟斷性質的工業、有關國家安全的工業、涉及社會福利的工業、創造歲入的壟斷工業和有利於外部經濟的工業。

公營企業私有化是國際經濟趨勢。私營領域對經濟發展和現代化是重要的，臺灣四十年的經濟發展史也反映了這種趨勢。

一、 韓國

韓國的國營公司比臺灣少得多，雖然第二次世界大戰後韓國曾一度嚴重依賴國有制。韓國在四十年代後期接管了日本殖民時期建立的鐵路、專賣和關稅系統。韓國對私營電力工業和銀行事業實行了國有化。

韓國政府在 1961 年把許多國有企業私有化，但是，朴正熙總統在 1963 年扭轉了這個趨勢。朴正熙認爲國營企業對指導韓國的經濟發展至關重要，韓國的國有制範圍在 1963 年至 1967 年期間擴大了。但因爲這些國營企業管理不善，國營工業在 1968 年開始轉歸私營領域，這種情況一直延續到 1981 年。該年的統計數字表明，有 24 家企業歸韓國政府所有 ❾。一些工業保持私有性質，韓國政府擁有部分所有權。

政府不完全擁有工業，但擁有股票並且用一定的監督權起有限的管理作用。重要工業，如鋼廠、煉油和造船，過去就歸私人所有。政府在教科書出版公司、股票交易、公債券、國際旅遊公司、廣播公司、發揮特殊利潤功能的工業方面投資，同時引導整個經濟向有益的方向發展。

與朴正熙的早期理論相反，韓國的經濟功能大部分屬於私有經濟。朴正熙一直致力於國營工業以指導經濟發展，但在 1982 年 3 月後，韓國卻強調了自由市場經濟的有效功能。

二、日本

根據自由企業精神，日本強調自由的市場經濟。政府只擁有極少的工業。日本政府鼓勵私人企業，單是石油工業就有 30 多家煉油廠和 40 餘個石油公司，全部屬於私營領域。

雖然日本政府不干涉私營領域的職能，但它監督私營領域的經濟發展。當私營工業遇到困難時，政府領導人就開會對論，舉行研討會，找出解決辦法。政府不直接控制任何公營企業，而是對私人領域的問題起引導作用。

埃茲拉・沃格爾（Ezra F. Vogel）的《日本天下第一》描述了日本政府是如何確信市場力量是日本經濟發展的關鍵的 [10]。日本政府避免國家社會主義並且不想干涉私營企業。日本經濟企劃廳是指導整個經濟的機構，但不直接管理公司 [11]。政府指導和解決私營公司遇到的外滙、技術和財政政策問題。國營工業基本不存在，煉鋼、煤炭和石油工業屬於私營領域。只有鐵路系統、發電系統和少數煙草專賣公司屬於政府。

日本國會於 1986 年 11 月通過一項決議，允許有 140 年歷史的國

營鐵路工業轉給私營領域。國營鐵路在 1987 年 4 月 1 日轉給 6 家私營公司。

三、英國

英國是典型的混合經濟，具有國家社會主義特點，電訊、電力、煤炭、煤氣、鐵路運輸、航海和航空國營公司很多。國營工業的界限取決於當時的政府是工黨還是保守黨。當工黨執政時，工業實行國有化。工黨在 1945 年國有化了採煤、電力、煤氣、煉鋼工業，以及通訊和銀行系統，以為國營公司能解決許多經濟問題。

保守黨只要有可能就限制國營企業，縮小國有制和避免國有化。在國家經濟政策方面，英國的工黨和保守黨有明顯的區別。

在每個黨派內部也都有分歧。瑪格麗特・柴契爾（Margaret Thatcher）首相領導的新右翼提倡較米爾頓・弗里德曼（Milton Friedman）的貨幣主義和弗里德里克・馮・海耶克（Friedrich A.Von Hayek）的貨幣理論更為傳統和保守的經濟思想[12]。強調貨幣控制以制止通貨膨脹，通過發行貨幣和調整利率來控制市場機制，以減弱政府的作用。英國的保守派認為只有國防和司法系統應歸政府，所有其它企業都應歸私人所有。他們奉行古典經濟理論。在瑪格麗特・柴契爾於 1979 年執政後，把英國航太公司、英國航空公司和英國國家石油公司都私有化了，隨後又對國營工業繼續私有化，甚至連英國糖業公司、英國萊蘭德公司和勞斯萊斯公司都轉入了私營領域。公營工業在 1979 年佔全國投資的 20%，並提供 8.1%就業機會[13]。

英國公司的國有化和私有化幾經變化。以英國鋼鐵公司為例，在第二次世界大戰後，工黨政府對它實行了國有化。當保守黨在 1951 年至 1964 年執政時，它又轉歸私營領域。三年後，工黨重新執政，再次

對它實行了國有化。執政黨左右著國有化政策❶。

國有企業包括：由國家煤炭局管理的採煤工業；英國電力局經營的電力工業，而英國鋼鐵公司則經營煉鋼工業。英國船舶工業、英國國家貨運公司、國家和蘇格蘭客車集團、英國鐵路公司、英國航空公司、英國航太公司、勞斯萊斯公司、肖特兄弟公司、英國機場管理局、能源管理局、郵局和英國煤氣公司都是政府擁有的。

戰後的西歐和臺灣在某些經濟發展方面有共同之處。許多民主國家在 1980 年後把一大批國營工業轉給了私營領域。英國在 1979 年 6 月開始了這一行動。當時瑪格麗特·柴契爾首相把 13 家國營工業及公有和政府參與的投資單位轉給了私營領域。在 1987 年 2 月又把天然氣、航海和航空公司轉讓給私營部門❶。

四、美國

美國的經濟政策反映了自由和民主的概念，所有的商品和服務在市場經濟體制裏都是由私營部門提供的，政府盡可能減少干預。美國憲法第五修正案明確規定私有財產不容侵犯。除了在戰爭或經濟蕭條時期，美國一直保持私有經濟。

美國的國營工業通常是公用事業，它們為社會提供服務並有助於整體經濟活動。私營領域不積極於經營公用事業和投資期長而回收慢的企業。由公營企業，如郵政、通訊衛星公司、公共廣播公司、國家鐵路客運公司、小投資者保護公司、田納西水利管理局、聯邦儲蓄保險公司、聯邦儲蓄和貸款保險公司、聯邦國民抵押協會等提供必需的商品和服務。美國鐵路公司是以營利為目的的，但是，大多數公營企業是否營利並不重要。

在美國的另一個明顯區別是公營企業必須通過眾議院立法手續。

在臺灣則政府有自主權，國營企業由經濟部決定。美國的公營企業限於公用事業、公益公司、與國家安全有關的事業、大衆教育和環境保護。聯邦儲蓄保險公司和聯邦金融系統也是爲公衆利益而設的。美國雖有公營工業，但它們只占國家的工業的一小部分。

五、法　國

法國人民從歷史上就崇尚自由經濟。經濟發展注重市場經濟、自由競爭和尊重個人的原則，禁止政府干預私人經濟活動。在第一次世界大戰前，政府沒有干預私人經濟活動的機會。在戰爭期間，政府在國防工業的作用表明政府對國民經濟和國防動員方面的影響的好處。法國在 1938 年把飛機和其他國防生產國有化。1944 年時的法國經濟很落後，大多數工業是小型、家庭式的企業，不利於經濟發展。政府進行了介入並把天然氣、煤炭、銀行、電力、保險和雷諾汽車公司實行國有化。在查爾斯・戴高樂總統從 1958 至 1969 年執政時期，法國政府國有化了鐵路、航運、航空和通訊工業。法國憲法最初規定國營工業必須通過立法程序，但 1958 年後，政府有權直接實行公有制。

到 1970 年，法國政府還控制了煙草工業、手錶製造業、長途電話服務、能源系統、武器和軍需工業、採煤和自動化機械設備等許多工業。許多法國公營工業是世界聞名的，如法國航空公司、巴黎國民銀行、通用電力公司、郵政、法國電訊公司、巴黎聯合保險公司和國民保險集團。

1979 年的法國國營工業占全國總就業的約 10.5%和總投資的約 13.5%[16]。比例雖高，但仍低於義大利。法國公營工業的重要成功秘訣包括知人善任和人盡其能。法國政府恰當地使用人力資源，給經理們放權，讓其自由地經營公營工業，效率頗高。國營工業的雇員有職業

安全感。政府行政部門不能獨斷專行，解雇合格雇員前須經過許多程序，雇員長期爲公司效力。法國公營企業的管理程序具有精心的計劃、出色的管理技巧、有效的管理程序、協商和交流意見的特點。法國政府使國營工業中政府和工業的關係和諧融洽。組織才能、靈活的管理、雇主與雇員之間的交流和互相理解，促成了法國國營工業的成功運作 [17]。

　　法國是最後一個實行公營工業私有化的歐洲國家，國營玻璃公司在 1987 年 1 月轉給私營領域。保守的法國政府計劃在 1991 年前賣給私營部門 65 家國營工業，包括 9 個工業公司、1 家電視臺和 35 家銀行 [18]。

六、義大利

　　在 1956 年，義大利的「國有財產部」管理門類眾多的國營工業，包括煤氣、能源、化學、石化、紡織、機械、電子、電力、造船、航空、探礦、醫院、水泥、礦泉水、電影院、電視、造紙、玻璃、鐵路、電訊和其它工業。義大利的國有制可以追溯到三十年代世界經濟衰退時期，那時私人企業倒閉，大量人員失業，公有工業飽受經濟危機之苦，法西斯頭子貝尼托・墨索里尼通過增加國營工業的數量爲失業人口創造就業機會。

　　第二次世界大戰後，義大利政治家們發現了利用國營工業做個人政治工具並報答特殊利益集團的這種好處，國營工業迅速增加。工業重建協會和國家碳氫化合物局是義大利第一批中首先的兩家國營公司。工業重建協會在 1970 年擁有 150 餘家工業公司的股票和 40 餘萬雇員。義大利的國營工業管理混亂、效率低下和腐敗，這些情況遭到知識分子和社會黨的譴責。社會黨反對存在的國營工業並尋求私有化。

本對照所提及的大多數國家都是奉行自由經濟制度的。日本、韓國、美國和英國的公營工業通常不以營利爲目的。在 1868 年日本明治維新時，公營工業起了積極的作用，但是後來政府直接所有權減少，私營領域擔負起許多企業的責任。日本政府爲私營部門解決財政、技術和管理問題起著諮詢指導作用，結果是企業和政府相得益彰。南韓注重私營領域經濟，政府的投資允許私營領域管理並且把私營工業引向促進經濟發展的正確方向。美國推崇自由市場經濟哲學，國營工業限於人民不能獨立經營的那些行業。營利不是美國公營工業的首要任務。英國的經濟發展方向取決於執政黨。綜觀頻繁的變化，英國還是以自由經濟爲主。法國自 1958 年以來就有了卓着成效的公營工業。義大利的國家經濟活動幾乎包括所有的工業類別，四分之一的就業在國營企業上班，其國營企業就業的比率在歐洲經濟共同體中是最高的[19]。

臺灣的國營企業比重較大，以前臺灣的公營企業數量比私營企業多。其後私營工業持續繁榮，1958 年後，其產值超過了公營企業的生產[20]。在六十年代，公營企業的生產值占 40%，私營企業的產值占 60%[21]。在 1985 年後，這個比例爲 2 比 9[22]。但國營企業仍起着重要作用。臺灣仍有許多公營企業、公營壟斷企業、公用事業和服務業，如銀行、鐵路和電力業，也屬於政府。正如上述的其它國家情況一樣，公營企業曾經是臺灣經濟史中的重要部份。

第四節 臺灣國營企業的有利因素與不利因素

有一項研究稱臺灣公營企業的管理效能不如經濟中的私營領域[23]，因爲國營工業有特定的國家目標。但即使公營的結果是管理效能差，但對國家的責任感高於一切。許多公營企業爲了國家的需要而犧

性效率，而法律和規章又常常限制了公營企業的高效率。公營企業有時用人不當，把不合適的人安排在不合適的崗位上。在八十年代，公營企業不顧內部和外部的經濟變化，仍按四十年代的規章運行，很難發揮其行業潛力。許多非專業人員上崗。政府把退役軍人和不熟悉新型管理觀念的人安排在管理崗位上。公營企業的工資低、效益差，和私營企業相比缺乏競爭力。合格的管理人才離開公營企業轉向私營領域。

為了公營企業對國家政策和任務有責任感，造成這些公營企業賠錢。中國石油公司不得不以低價，有時以低於成本價賣油給漁民。臺灣化肥公司被迫以低於成本價賣肥料給農民。這是公營企業的典型做法，因為國家任務的負擔必須完成，有時是以效率或收入為代價的。公營企業幾乎沒有財政和管理上的獨立。國營事業委員會屬於經濟部，而經濟部不授給公營公司以獨立運行權。過多的官僚制約更加重了管理效率的低下。但儘管如此，臺灣國營企業四十餘年來為經濟發展做出了重大的和舉世公認的貢獻。

存在的問題是：什麼是國營企業的界限？什麼是公營企業發展的最佳程度和公營與私營企業的理想混合比？這些界限在理論上容易劃定，但在經濟現實中則難以界定。學者、議會、政治家和經濟決策者們對公營工業的最佳規模大小意見各異。行政院經濟建設委員會在1979 年 11 月提出一項議案，把臺灣的部分公營公司轉讓私營領域。可是經濟部長張光世後來否決了這項計劃，因為它與民生主義不符❷。行政院經濟建設委員會在 1989 年再次提出應私有化 19 家國營公司。當國際政治局勢變化時，中華民國也必須順應潮流。在中華民國（臺灣）從聯合國退出後，中國銀行經過私有化成為中國國際商業銀行，對此，學者、政治家、議員和經濟決策者們意見一致。

　　經濟部的國營事業管理委員會在1981年12月依據中華民國憲法第144條規定壟斷企業應為公有，確認了國營企業的必要性❷。但第144條還規定一旦國營壟斷企業失去壟斷特徵，就可以轉讓給私營領域。第145條第一款規定政府可以阻止公營工業向私營領域轉讓以避免私營領域聚積足以危害人民福利的財富❷。公營企業私有化必須謹慎從事，以防止對社會經濟造成反作用。

　　經濟部對應繼續掌握在政府手中而不向私營領域轉讓的公營企業界定為：一，與國防或軍事有直接或間接關係的工業；二，專賣（壟斷）和專買（獨家主顧）工業；三，國家特殊任務所需要大量資本投資，或經濟規模巨大等人民無力生產者。

　　經濟部進一步解釋了公營企業存在的經濟必要性。臺灣的市場小，不具備良好的競爭環境，因此，政府必須進行干預以完成經濟目標。公營企業規定價格以防止通貨膨脹，並在蕭條時期承擔私營領域的經濟活動，以有助於經濟的興旺繁榮。國營企業對政治經濟至關重要，與軍事、防務、壟斷、獨家主顧、大規模項目和國家目標有關。國營企業防止出現通貨膨脹和經濟蕭條。因此，有些政府官員竟認為臺灣不主張減少公營企業，事實上還試圖增加它們的數量。

　　許多學者不同意政府的態度，經濟發展已經改變了臺灣的內外經濟環境，公營企業的最佳數量需要時時調整❷。學者們不贊成對經濟活動的干預會緩解衰退的官方觀點。適度的財政和貨幣政策足以保持價格穩定和經濟繁榮，政府不應該把國營企業做為經濟政策的工具。

　　隨著臺灣經濟的增長，公營企業的重要性下降。私有化逐步深入，公營企業的比重持續減少。任何企業都不可能永遠保持公營性質，但是，臺灣將永遠需要某種形式的公營企業。

　　國營企業的發展作用在其它國家也相類似。日本的國營企業僅限

於鐵路、電力和專賣公社。日本鐵路公司不得不亦已轉讓給私營領域，最後只有專賣公社歸日本政府。

韓國的國家經濟發展策略在 1968 年後是私有化。大多數公營工業轉讓給了私營領域。大工業掌握在私營領域手中，韓國政府並不關心私營領域是否會過於龐大或將控制社會和造成社會不穩定。韓國政府官員和學者們一直認為只有自由經濟體制能夠提供合理競爭、效率、增長和價格穩定。

英國在 1980 年後一直奉行同樣的路線。瑪格麗特·柴契爾政府逐步地把英國航太、航空和糖業公司轉讓給私營領域。柴契爾的政策標誌着大量公營企業的私有化。

自由世界的大多數國家正試圖壓縮國營企業的比重，順應價格機制，創造一個自由經濟社會。政府仍在發揮作用，特別是在不完善的市場中發揮重要作用。公營企業參與競爭並引導市場向經濟效率和合理分配資源方向發展。國防和軍工物資應為國有。學者們認識到某些國營公司的重要性，但是強調私營領域是經濟的基礎。公營企業是配角，不是主角❷。

我們必須永遠尊重市場機制和自由企業經濟體制。政府除非絕對必需不應干涉經濟，界限是至關重要的。只有與軍事安全和國防有關的工業、有利技術轉移及促進經濟發展的工業，而人民不願或不能提供的公共必需工業才應由政府經營。政府在私有化過程中必須考慮新的國營企業，促進符合經濟需要的研究和發展。私有化與新的國營企業發展同時進行。具有壟斷潛力的工業和利潤豐厚的工業，如煙酒工業，應為政府所有。公營企業有特殊的責任，在衰退時期，公營企業介入以刺激經濟復蘇，維持物價穩定，增加就業並使之間接有益於收入的公平分配。

　　國民黨和政府官員，孫文思想學者普遍贊同公營公司具有有利作用的觀點，他們認爲公營公司能起到諸多的作用。反對黨（民進黨）、私營商人和自由派學者則普遍否定國營公司的有利作用觀點，聲稱它們扭曲了市場經濟並導致資源的不合理分配。

　　公營企業的管理水平低下是臺灣經濟的問題之一。政府必須改善管理，修改公營企業法規和任用合格的人員。經濟部的國營事業管理委員會應該授權公營企業自主經營以提高效率❷❾。

　　國營事業對臺灣經濟的奇蹟般發展至關重要。隨著經濟增長，私營部門將取代公營企業。當提高管理效率問題得到普遍關注時，存在某種形式的公營企業對經濟投資和生產始終是不可或缺的。

第五章　註釋

❶ 全漢昇，《中國經濟史》（香港，新亞書院，1976），pp.651～663。

❷ 經濟建設委員會，《臺灣統計資料1990》（臺北，經建會，1990），p.9。

❸ 孫中山，〈工業計劃〉，《國父全集》第一卷（臺北，國民黨中央黨史委員會，1983），p.517。

❹ 同上。

❺ 同上。

❻ 經濟建設委員會，《臺灣統計資料1990》（臺北，經建會，1990），p.89。

❼ 威廉·鮑莫爾，〈公營企業的經營方針〉，應邀著名經濟學家講演集，刊登於1981年1月中華系列叢書第二冊。《混合經濟中的公營和私營企業研討會專集》，由國際經濟協會在墨西哥城舉辦的研討會論文彙編（紐約，聖·馬丁出版社，1982），p.10。

❽ 孫中山，〈促進國家社會主義〉，《國父全集》第二卷（臺北，國民黨中央委員會黨史委員會，1983），p.261。

❾ 大韓民國財政部，《韓國政府投資統計》（韓國漢城，財政部，1981）。

❿ 在1968年明治維新後，日本政府在經濟發展中的作用成為關鍵。儘管如此，政府干預在第二次世界大戰後減少了。

⓫ 埃茲拉·沃格爾，《日本天下第一》（佛蒙特州拉特蘭市，查爾斯·E·塔特爾公司，1980），p.83。

⓬ 艾倫·鮑爾《英國政黨》（倫敦，麥克米蘭出版公司，1981），p.208。瑪格麗特·柴契爾完成了廣泛的國營企業私有化，她的保守主義使她成為八十年代英國新右翼的領袖。

⓭ 羅明盛，〈法國與歐洲經濟共同體國營企業之比較〉，《臺灣經濟月刊》（1982年1月）。

⓮ 艾倫·鮑爾，見前註，p.208，和理查·托馬斯，《企業的政府》（牛津，菲利

浦・阿倫出版社，1981)，p.168。

⑮ 艾倫・鮑爾，見前註。

⑯ 羅明盛，〈法國與歐洲經濟共同體國營企業的對比〉，《臺灣經濟月刊》(1982年1月)。

⑰ 同上。

⑱ 在八十年代，法國左派攻擊公營企業私有化。政府擁有國營企業股份約75%；1980年後，下降到51%。

⑲ 于宗先，《論國營企業及其管理》，近期政府報告(未發表)(臺北，國營公司委員會，1988)，pp.30～32。

⑳ 經濟建設委員會，《臺灣統計資料1990》(臺北，經建會，1990)，p.89。

㉑ 同上。

㉒ 同上。

㉓ T. L. Chang，《國營企業及其管理》(臺北，中華經濟研究院，1986)，p.13 及 p.23。

㉔ 在經濟現實和政治信條之間存在意識型態上的衝突。張光世部長不願把這項政策付諸實施。

㉕ 孫中山，〈第一屆國民黨代表大會公報〉，《國父全集》第一卷(臺北，國民黨中央委員會黨史委員會，1983)，p.883。

㉖ 孫中山，〈工業計劃〉，《國父全集》第一卷(臺北，國民黨中央委員會黨史委員會，1983)，p.517。

㉗ 威廉・鮑莫爾，〈公營企業的經營原則〉，《經濟學術論文集》(1978年第1期)，pp.72～74。

㉘ 卡爾・克拉克，〈國營企業在工業化國家裏存在的決定因素：依存、發展和對選民之吸引力：臺灣案例〉，《社會發展雜誌》，1988年第2期，p.118。

㉙ 同上，pp.117～118。

第六章　臺灣私營企業的發展

第一節　臺灣的私營企業環境

當臺灣還是日本殖民地的時候，大約百分之九十的私營實業歸日本人所有，臺灣人的私營領域所占比重有限。在臺灣糖業公司的 2000 名雇員中，只有 7 個臺灣人擔任科室或部門主管❶，臺灣人的資本很有限，地位也不高。二次大戰末期，盟軍的炸彈炸毀了許多臺灣的工廠，所剩的只有數量極有限的農業加工設施，如製糖和菠蘿工廠。國民黨政府抵臺後，在五十年代初實施了一系列發展經濟計劃的第一部分。從 1949 到 1989 年，臺灣的私營領域迅猛發展，並且對經濟發展作出了巨大貢獻。臺灣私營領域的巨大的發展❷，使其成為經濟發展的一支重要力量。四十年後，臺灣的前景比 1949 年時相差甚巨。

臺灣健康的企業發展環境得以形成的原因很多。除林業產品外，臺灣其它的自然資源很貧乏，而林業產品又不可能建立大型工業。臺灣島位於臨近亞洲大陸的太平洋中，戰略位置重要，促使臺灣去發展國際貿易和參與國際經濟。東南亞的經濟是由華僑企業操縱的巨大市場經濟，這對於臺灣 1960 年代的私營工業發展很有利。因為這樣的環境便於私營領域企業的貿易進行活動，而私營領域是由實業性企業和

貿易機構結合而成的。

　　長達四十年的政治穩定促進了臺灣的經濟發展，社會秩序有助發展實業領域經濟。社會和政治穩定吸引了投資，個體實業的努力也促進了經濟發展。

　　在臺灣儒家文化的背景下，人民勤奮且熱心於興辦實業，他們靈敏、勤勞，設法賺錢，並能進行自我約束。中國文化的特性推動了臺灣私營經濟的發展，擁有事業的人數不斷增加❸。

　　中國文化對於經濟發展確實也具有某些不利因素。臺灣的中國人具有獨立性，雖然他們並不自私，但也並不樂於助人，他們只關心自己而不關心他人。過分的個人主義有損於團結合作精神。過分的個人主義容易導致自私，人們不再關心他人的幸福❹。

　　中國人是保守的，他們習於維持現狀，不熱衷於創新和發明。保守主義避免危險，但也阻礙了變革，給進一步的發展造成困難。中國文化是保守性而不是進取性的，這對工業和經濟發展不利。中國人是被動而不是主動的，他們缺乏創新精神並且習慣於模仿他人的成就。如果一個企業賺錢，大家就隨之一哄而上。產品單一且不複雜，開發也極簡單，這是被動而不是主動地參與經濟活動的必然結果。臺灣的企業家們只追隨一般的商業氣候，沒有形成一種積極和個性化的工作方式。從文化的角度來看，臺灣的私營經濟發展存在著有利和不利的因素。

　　國內和國際以及政治和經濟形勢的眾多變化影響著臺灣的工業發展。在國民黨政府統治早期，臺灣的工業受到日本撤出管理、資金和技術的打擊，1945年前的殖民地經濟嚴重依賴於日本，但在1949年，隨著國民黨統治的開始，工程技術人員、管理人員、專家和知識分子來到臺灣，技術人員短缺情況得到緩解。中央政府、地方政府和美國

援助機構之間的合作，推動了臺灣經濟以及私營企業的恢復和發展。

　　1949 年前，臺灣確有一些著名家族、地主和富農，但工業家極少。如臺灣北部（臺北）的林平侯（1766～1844，其行號名稱爲林本源），臺灣中部（彰化）的辜顯榮（1865～1937）和臺灣南部（高雄）的陳中和（1851～1921）。在土地改革之後，這些人都成了工業家。

　　經過四十年的經濟發展，臺灣有了許多工業家，主要是臺灣本地人。有意思的是，其中很多人出身貧寒，從一無所有變爲大富豪。例如，臺灣塑膠公司的王永慶過去曾是卡車工人出身；新光工業集團的吳火獅曾是服裝推銷商；國泰工業集團的蔡萬春曾是食品小販；華榮工業集團的王玉發是冷飲小販；長榮工業集團的張榮發是貨船海員。王永慶、張榮發和蔡萬霖（蔡萬春的弟弟）都位於世界最富有的人之列❺。

　　臺灣的資本家要在競爭激烈的市場上追逐利潤，不得不勤奮工作，改善經營管理，獲取新技術、新的重要設備和新產品，以及雇用熟練員工。在這一過程中，他們所作出的努力改善了臺灣的工業生產、就業和經濟發展，使國家走向繁榮。

第二節　政府的經濟政策和私營企業

　　若經客觀分析，四十年來孫中山思想的政策在臺灣落實的有公有企業、分階段的長期經濟計劃、耕者有其田的土地改革計劃、人力資源培育、私營公司、股票交易、十大建設項目、公有企業私有化及種類繁多的鼓勵投資的稅收刺激和金融獎勵計劃等等方面得到體現和證明。

　　孫文思想把那些較易由私營企業家來經營的工廠劃歸私營領域。

這些工廠由私人經營，而政府則實行鼓勵計劃及政策並制定保護法規，以支持私營企業。非壟斷性企業屬於私營領域，而具有壟斷性質的產品和工廠則屬政府所有。所有非壟斷性工業都應歸私有，在政府的指導下運作❻。

1948 年 3 月，在南京召開了第一屆國民代表大會，大會根據民生主義原則宣布一切不具有壟斷性質的產品和工業都歸屬於私營領域，但銀行、鐵路和航運工業仍歸政府所有，因為私營領域不具備必需的技術和本領。鑒於銀行、鐵路和航運業的管理者有力量影響社會福利事業，因此這些工業由政府來管理最為適當，而所有其他的工業則宣布一律歸於私營領域。

臺灣政府為了推動公營系統的私有化，於 1952 年 1 月發布「公營事業移轉民營條例」。這些條例規定了三類企業由政府擁有❼，其它工業則成為私營領域的一部分。第一類是直接或間接與國防有關的工業；第二類為壟斷性工業；第三類是私人無力經營的大型工業或是具有特殊國家目的的工業。這些法規實施以後，私營領域迅速發展，為臺灣的經濟奠定了基礎。

1952 年後，新竹玻璃企業公司集團、臺灣塑膠企業公司集團、臺灣水泥企業公司集團、太平洋電線電纜企業公司集團、遠東紡織企業公司集團、大同企業公司集團、國泰企業公司集團、廣豐企業公司集團、新光企業公司集團及嘉新水泥企業公司集團等等，成為臺灣經濟發展的基礎。所有這幾家企業都得益於私有化政策，臺灣人民由此富裕起來。

臺灣政府在建立民眾難以建立的基礎設施工業方面起了作用。政府通過投資巨大的鐵路、公路、通商口岸、電力設施、動力設施和電訊設備等基礎設施建設，大大方便了私營領域的工業發展。通過建立

以長遠規劃爲目標的出口加工區和經濟特區，爲私營領域吸引國內外投資創造了一個健康的投資環境❽。外國資本和技術刺激了國內經濟發展，可以進行公平的競爭，創造健康的投資環境和實現私營領域的長遠發展。

政府爲吸引私人投資者的資金及把資金引進工業投資，制定了鼓勵性政策。在臺灣橫斷面型的儒家資本主義的文化背景下，個人一般不願投資於資本和技術密集型產品的生產，除非政府首先帶頭或採取稅收和金融刺激政策，使個體投資者能得到好處。

臺灣的經濟轉型最初依賴於外國資本的投入，但最終需要有一個國內的資本基礎。生產率的提高需要國內資本積累，而經濟的再發展卻發生在一個附加價值低的淺碟式經濟圈中。政府鼓勵私人投資，制定刺激儲蓄的政策以增加國內資本積累。從儲蓄發展爲投資，再從投資發展爲資本積累，以便臺灣有能力進行長期經濟發展，因此，私營領域的參與是十分必要的。

臺灣政府發掘了它的人力資本的潛力，人力資本對私營領域的長期發展至關重要，技術人才和管理人才更是不可或缺的。由於臺灣認識到了這一點，因此這個國家才能富有並擁有足夠的技術，而技術的不斷發展又提高了生產力。

農業和工業的同時發展、基礎設施的建設以及私人投資和人力資本政策，構成了臺灣發展私營領域企業的長期規劃，這些政策是臺灣經濟發展取得成就的基礎。

第三節　政府扶植私營領域工業發展的方法

臺灣強調私營領域是經濟成功的關鍵。由於臺灣把向私營領域工

業發展提供便利作爲戰略，政府掌握的工業在經濟發展中只起輔助作
用。

一、長期和短期經濟計劃

　　1953 年，臺灣政府執行六個互相配合的四年經濟發展計劃中的第
一個計劃，隨後又實施了一個六年經濟發展計劃和一個十年經濟發展
計劃。各個計劃都根據經濟環境確定了各自的目標。對貨幣和財政政
策進行詳細的階段性評估，保證了計劃的成功。經濟發展要求私營領
域參與，而政府的長期和短期計劃又爲如何指導私營領域和創設工業
投資機會提供了方向。表 3 之 4 詳細說明了每一經濟發展計劃的目標。

二、公有工業向私營領域轉讓

　　一個突出的例子是，1953 年臺灣政府將四個重要公有工業：水
泥、造紙、工礦及農林等全部轉爲私營。所有這四種工業都具有堅實
的基礎、良好的管理、可靠的財政和有效的廣告宣傳，私營領域可以
毫不費力地接手管理。公營領域轉爲私營的結果，使經濟發展歷史呈
現巨大轉變。臺灣政府決定幫助私營領域工業產生了積極效果和刺激
力，並對今後作出更大努力起了鼓勵作用。

三、政府的直接支持

　　1953 年成立的工業發展委員會❾，爲私營領域企業家尋找投資機
會。它爲私營領域引進技術、開發市場以及提供貸款途徑，私營領域
從政府的鼓勵發展政策中得益匪淺。許多早期的私營公司發展很成功，
比如臺灣塑膠公司、新竹玻璃公司以及華夏纖維公司。這些工業都是
1953 年在政府的支持下成立的，它們的建立標誌著臺灣私營領域發展

的健康開端。

四、低價進口

臺灣政府幫助私營領域去發現經濟的原料，尋找便宜的棉花、小麥和大豆，重振紡織、麵粉和食用油工業，紡織工業仍是臺灣私營領域的核心。早期的政府參與使私營領域獲得美國貸款以進口低價原料，爲臺灣私營領域經濟的成功提供了一個絕好的機會。

五、政府的財政支持

從 1953 年開始，臺灣銀行一直在幫助私營領域獲得貸款❿。臺灣的私營領域得到了低息的美援貸款。與此同時，私營領域也從官價滙率和黑市滙率之間的巨大差價中得利。官價滙率貸款的利率要低得多，業主們利用了這些差價大得其利。

六、稅收刺激政策

對私營領域的稅收刺激使出口業得到利潤並從負出口稅中獲得好處。出口商可以更容易地進口生產成品所需要的材料，並且不對爲製造出口產品而進口的原料徵稅。這一政策推動了出口工業，並鼓勵了私營領域的工業發展。其它稅收刺激還包括免除某些公司的所得稅和公司營業稅。

七、進口控制與限額

爲保護國內工業，政府對製造業進行控制。一些進口貨物和高質量外國產品對國內的新興工業具有潛在破壞力，臺灣政府限制進口某些材料，以鼓勵國內生產和積累外滙。進口限額制度大大有利於經濟

發展，特別是私營領域得益匪淺。

八、品質控制

臺灣政府還爲私營製造業企業制定了一整套標準，即一個質量控制標準制度。政府制定的標準鼓勵私營領域開辦工廠，並且堅定地指導工廠的發展，以建立一個質量控制及完善的生產發展基礎。

九、貨幣滙兌改革

1958 年 4 月，臺灣發布了外滙和貿易管理條例，許多法律和規定有了變動。臺灣政府簡化了多種外滙制，該制度對不同國家及不同種類的進口貨物實施不同滙率。但僅僅簡化多種外滙制還不夠，在 1959 年，又將多種外滙制改爲單一外滙制。簡化外滙制大大有助於私營領域的發展，還簡化了做生意和辦工廠的手續。

十、成立公司幫助私營領域

爲鼓勵私營領域及支持其發展，成立了一些機構。中央信託局在貸款方面支持私營領域，幫助其獲得經營資金並指點它們自行取得貸款的途徑。中央信託局在引導臺灣工業方面十分重要。中國生產力中心則在幫助私營領域提高技術和改善企業管理方式方面作出貢獻。

其它起支持作用的組織包括金屬發展中心和會計師公會。由合格公認的會計師 (CPAS) 組成若干協會，分布於各個私營工業，對會計制度和經濟發展進行監督。

十一、股票交易

1960 年 9 月，臺灣按照美國證券管理委員會 (SEC) 的方式，建

立了一個證券交易制度，並根據證券交易法成立了臺灣證券交易所。

十二、改善投資環境

1964 年 2 月，臺灣政府公布了 19 點經濟及財政改革計劃，並於同年 9 月制定了鼓勵投資的辦法──獎勵投資條例。以上兩項措施為私營領域引進了稅收和貨幣刺激計劃。

第四節　臺灣私營企業環境中的不利因素

私營企業在臺灣迅速成長，成為經濟的主流，政府在這一成就中雖起了一定作用，但主要是靠私營領域自己。中國式資本主義的特殊性對臺灣的經濟發展固然起了很大作用，但毫無疑問，臺灣的私營領域本身也還存在一些問題和不利因素。

一、一個普遍性的問題是生產力低落

生產力之所以低下是因為私營領域一般都是中小型的。據估計，臺灣私營領域的百分之九十五是中小型工業⓫，它們在臺灣經濟發展中所起的作用，要比經濟發達國家日本和新興工業化國家南韓相同規模的工業企業所起的作用大得多。例如，地下經濟、非法工廠損害了臺灣工業的正常發展，中小型工業的設施很難現代化。工廠不夠現代化，缺乏現代化管理方法和合格經理人員的短缺，反過來影響了生產力。

二、中國人很聰明並且過分自信，他們不相信他人的 能力而只相信自己

　　大多數臺灣私營企業是白手起家的。在平地起家獲得成功的事業中，業主都過分相信自己，高估了自己的能力，他們不習慣信任他人，也不習慣接受新知識。在一些私營企業中，業主的兒子從美國獲得博士學位歸來，而父親卻對現代化管理方法懷有疑慮，不相信兒子的本領❷。這種態度阻礙了現代化進程，使臺灣很難發展成爲一個現代化的工業基地，並且損害了總體生產。

三、臺灣的工業研究和發展基礎很薄弱

　　工業需要研究和發展，以開發新的產品、新的管理方法和新的市場。四十年來，臺灣向私營領域投資、貸款和稅收方面提供了刺激，但政府對研究和發展的支持，卻造成工業領域出現依賴思想的問題。私營領域對政府在研究和發展上的依賴，阻礙了其主動的、獨立的發展。

四、臺灣的私營工業缺乏現代管理方法

　　業主們固守傳統觀念，忽視現代化技術，經理人員只注重短視的投資計劃，只看到短期利益，忽視長遠規劃。臺灣的工業長期以來在國際經濟社會中缺乏競爭力，許多私有工業是家族公司，它們在早期的經濟發展中充滿活力，但長期則不然。業主、股東和公司管理專家應各司其職，這是家庭式公司向共同管理型公司轉化所不可或缺的。

　　由於思想中沒有長期效益觀念，許多私營企業缺乏社會責任感，造成了如空氣污染和水質污染等許多外部經濟問題。污染是追求短期

利益所產生的副作用，最終損害了所有私營工業的發展。臺灣的私營業主們都患有近視症，他們極端個人主義和自私自利，依賴政府並且習於投機。短期發展不可能解決今後經濟發展的瓶頸，而最終受害的是個體企業。

五、產品質量不高

臺灣的企業缺乏技術和生產高質量產品所需的機器。好機器需要鉅額投資，而資金短缺又使企業家們不願意引進新機器、新人才和新技術。產品質量不高，使臺灣的產品在國際市場上不受歡迎。低質產品損害了經濟，而企業家們卻是投機性的，只看到短期利益。

六、貿易渠道有限

四十年來，臺灣對外貿易有很大增長，年貿易增長率很高。1989年，臺灣列世界貿易國家排名的第十五位：出口列第十三位，進口列第十六位。但是臺灣的對外貿易公司的規模仍然很小。由於沒有大型的貿易公司，要為未來的發展去擴展目前有限的貿易渠道就很困難。

七、臺灣的金融財政結構很脆弱

新興的私營工業需要從外面獲得貸款。軟弱的財政意味著新的事業是通過國家銀行貸款或其它基金而建立的。財政取得成就，賺錢的是企業家們；財政如果失敗，賠錢的則是政府和其它單位。業主們缺乏一種責任感。臺灣私營領域的財政結構普遍脆弱，其結果是巨頭和大工業很少。中小型實業、中小型工業和中小型貿易公司組成了服務業、旅遊業和勞動密集型經濟，使得臺灣根本不可能發展急需的大規模資本和技術密集型工業。

八、 臺灣的工業領域中存在著腐敗的職業道德倫理

中國的商人們過分強調公共關係和人際交流，引起了一些道德和社會問題。高消費和其它公共關係活動氾濫成災，政府雇員與私營業主沆瀣一氣，各謀其利。業主遊說政府，而政府則向企業家提供好處。他們通過地下渠道相互幫助，造成企業界的道德敗壞和不公正。

九、 私營商人尋求短視途徑

他們模仿別人的成功經驗，做生意投機取巧，不去創新研究和發展，而是依賴於模仿現成模式，業主們從其它公司去挖來有經驗的管理人員，這種短視環境造成了另一種形式的不公正。

十、雇員的從業態度和參與感是臺灣私營領域面臨的另一個問題

如果一個雇員發現了一種有效的生產方式或從一個國際公司獲得了大宗有利可圖的訂單，他們通常就自己去做生意，對他們的原雇主不付特許使用費。在日本，當雇員得到大宗訂貨或發現一種有效的生產方法時，他們就向雇主報告並付使用費。臺灣的企業界則截然不同，雇主從不去培養與其雇員之間的感情，對他們的需要漠不關心。形成對照的是，日本的業主對雇員則關心備至，團體獲得些許利潤也使每個人都感到高興，企業得以鞏固。但是在臺灣，雇員與雇主間的關係是不鞏固的，這就更加腐化了商業環境和有損於長期經濟發展[13]。

臺灣的私營領域在臺灣總體經濟中的地位日益重要，但它們仍面臨許多不利因素，亟待改善。業主們需要有更長遠的眼光，作長期規劃[14]，必須引進技術和進口機器，以使臺灣在現代國際貿易體系中重

占一席之地。在財政方面，臺灣必須學習其它現代化工業國家的成功作法。

　　中國人很聰明，但也許是聰明過頭，他們的聰明才智或許反會損害未來的工業發展。新加坡和香港也是華人聚集區，但其經濟環境和國際資源所帶來的投資效益都不及臺灣。此外，新加坡和香港都長期受到英國的殖民統治，其人民的社會背景、思想和方法論也許都受到影響。雖然這兩個社會都保持了某些對辦事業不利的中國特性，但它們都有把其降低到較低程度的經驗，而臺灣則稍有不同。新、港二地中國傳統中的有害因素似被長期的英國殖民統治沖淡了。

　　一個非常嚴重的現象是收入分配不公平的變化。1985 年，百分之二十的高收入者的收入是百分之二十的低收入者的 4.17 倍。到 1990 年，隨著社會不公正現象愈演愈烈，兩者之間的差距達到了 5 倍。人們在追求實際的自我利益時，變得機會主義並且自私而忽視道德。一些人獲得意外利益，變得非常富有，不再想工作。股票市場漲落起伏，好像一個賭場。一些人成為搶銀行的竊賊，造成社會的不安定。當然，大多數人仍保持正派、誠實、忠誠而且勤奮，但不公正已侵入經濟領域。社會改革與經濟變化不能保持同步，是造成這些新變化和目前的消極傾向的主要原因。經濟增長和經濟發展的步伐太快了。

　　在臺灣經濟發展進行改革的同時，不利因素也在發展。總體來說，經濟成果不錯，但正如羅馬不是一天造成的，不利因素與經濟成就同時存在。在有利因素和不利因素相比之下，臺灣模式還是取得了經濟奇蹟。臺灣未來經濟發展的前景，朝野人士因為有了過去四十年令人滿意的表現而持有信心。

　　臺灣工業發展的歷史是私營企業發展的歷史。在五十年代，私營工業的發展是與生產進口消費品的替代產品相聯繫的。私營領域有三

類工業擁有優先發展權：食品、紡織品和建築材料。六十年代前期，私營領域是圍繞擴展出口發展的。出口拓展的主要產品包括電子產品和家用設備。臺灣發展了石油化學工業，並且為國內和出口市場生產了一系列產品❶。七十年代開始了推動附加價值高的產品和發展石油化學中間產品的實業。重工業得到重視，生產向重工業產品和複雜產品轉化，開始生產機械工具和汽車。八十年代，新興工業如機械、製造業和資訊工業得到優先發展。由於它們具有高技術、巨大市場潛力和低污染性等較高的連鎖效益，被列為策略性工業。臺灣四十年的工業發展策略與私營企業相結合，取得了令人矚目的成就。

從 1952 到 1989 年，食品和紡織品在製造業總產出中所占比重下降。臺灣經濟發展了其它必需消費品：電子、機械和金屬製品。在臺灣的長期工業發展中，私營領域工業進步到能生產高質量的電子和金屬製品。經濟結構升了級❶，參見表 6 之 1 說明這一情況的有關數據。

表 6 之 1　臺灣經濟發展史中製造業總產出的比較

	製造業總產出的年份比重	
	1952	1989
食品和紡織品	50%	22%
電子、機械和 金屬製品	6.5%	約 40%

資料來源：西蒙‧庫茲奈，「增長和結構變化」，沃爾特‧蓋倫森編，《臺灣的經濟增長和結構變化(戰後中華民國的經驗)》(伊薩卡，紐約，康乃爾大學出版社，1979)，第 85 頁至 88 頁。

　　臺灣的私營領域確定了國家經濟發展的步伐，經濟自由化是最重要的。1947 年 2 月 28 日的「二·二八」事件後，臺灣行政長官公署改爲臺灣省的行政執行部門，專賣局與貿易局的權力下降❶，公有企業的範圍也縮小了。私營領域在「二·二八」事件後得到發展，這是臺灣經濟發展的歷史性轉折點❸。

　　土地改革發展成爲耕者有其田制度。政府給地主以好處，地主們在政府企業向私營領域轉變時獲得政府股票。地主們得到了股票和經營私營事業的權利，而土地改革又爲私營工業注入了活力。農民在開始時是貧困的，但由於得到了土地及財富，他們離開了農村，開始經營實業。他們變成爲企業家和工業鉅子，以一文莫名成爲有名的工業家。一些突出的例子如臺灣塑膠企業集團的王永慶、新光企業集團的吳火獅和國泰企業集團的蔡萬春等。

　　臺灣的經濟基礎是四十年的私營領域工業，年復一年的成功發展所形成的。五十年代早期，陳誠（1898～1965）是臺灣省省主席（後成爲蔣介石的副總統）。1950 年 11 月，陳誠號召私營領域興辦實業。國家級的省政府將公共所有轉給了私營領域，陳誠對推行這一長期發展政策起了很大影響。陳誠對於經濟政策的構想被證明是正確的，私營領域成爲長期經濟發展的主力軍。陳誠推動了經濟的本土化，讓臺灣民眾擁有他們自己的事業，王永慶、吳火獅和蔡萬春都從陳誠的思想和政策中得到好處。

　　陳誠提高了臺灣民眾在經濟發展中的影響力，而他們現在在經濟和政治兩個領域都具有影響。在「二·二八」事件期間，臺灣民眾害怕參與政治，而把精力放在經濟發展方面。他們積累了金錢和影響力，使經濟本土化變成了政治本土化❹。隨著經濟的本土化，臺灣民眾在經濟領域中成爲主要角色，現在，民眾的經濟實力又對政治活動產生

影響[20]。

　　臺灣經濟發展的歷史使人想起十九世紀早期的歐洲經濟。資本主義在傳統上一直影響著現代歐洲歷史中的政治。對於臺灣的政治發展和社會變遷來說，資本主義似乎也產生了重要的作用。

第六章　註釋

❶　古斯塔夫・雷因斯（Gustav Rains），〈工業發展〉，發表於沃爾特・蓋倫森（Walter　Galenson）所編《臺灣的經濟增長和結構變化（戰後中華民國的經驗）》（伊薩卡，紐約，康乃爾大學出版社，1979），p.209。

❷　經濟建設委員會，《臺灣統計資料 1990》（臺北，經建會，1990），p.89。

❸　同上。

❹　彼得・伯杰（P. Berger）（任源傑譯），《東西方安全》（中國論壇，1984 年 12 月 25 日），p.222。

❺　《富比雜誌》（1990 年 7 月 23 日）。在世界上最富有者的名單中，有 6 人來自臺灣：王永慶、張榮發、蔡萬霖、辜振甫、黃世惠和徐有庠。除徐有庠來自江蘇省外，其餘全是臺灣人。

❻　孫中山，《國父全集》第二卷（臺北，國民黨中央委員會黨史委員會，1983），p.86。

❼　與孫中山的民生主義和中華民國憲法第 142 和 144 條相一致。

❽　故副總統陳誠特別強調這一經濟政策。五十年代初，他是臺灣省省主席並負責推行土地改革和領導工業發展局。

❾　土地改革完成於 1953 年。工業發展局於 1953 年開始執行第一個中華民國臺灣四年經濟發展計劃以及公有企業私有化。

❿　這是一個爲鼓勵私營領域投資而實行的貨幣刺激政策。

⓫　經濟建設委員會，《臺灣統計資料 1990》（臺北，經建會，1990），pp.88～91。

⓬　許士軍，〈家庭與企業〉，《天下雜誌》（1986 年 8 月），pp.18～21。

⓭　吳元黎，《邁向工業化國家：中華民國在臺灣的發展》（紐約，Praeger 出版，1985），pp.32～35。

⓮　同上。

⓯　同上，PP.31～33。

⑯ 西蒙·庫茲乃茨（Simon Kuznets），〈增長和結構轉變〉，發表於《臺灣經濟增長和結構變化（戰後中華民國的經驗）》（伊薩卡，紐約，康乃爾大學出版社，1979），pp.54～66。

⑰ 賴澤涵、馬若孟與魏萼，《一個悲劇性的開端：1947 年的臺灣二·二八事件》（斯坦福，加利福尼亞州，斯坦福大學出版社，1991）。

⑱ 墨子刻（Thomas A. Metzger）與馬若孟（Ramon H.Myers），〈認識臺灣經驗：一個歷史性視察〉，《太平洋評論》（第 2 卷第 4 期，1979），pp.299～300。

⑲ 同上。

⑳ 卡爾·克拉克（Karl Clark），〈工業化國家國營企業制度的決定因素（從屬性、發展和對選民的吸引力）：臺灣實例〉，《社會發展雜誌》（1988），p.118。

第七章 政府在臺灣經濟中的地位與功能

第一節 政府的地位

經濟學和古典經濟理論的奠基人亞當·斯密（Adam Smith，1723～1790）在其《國富論》(1776) 中，阿爾弗里德·馬歇爾（Alfred Marshall，1842～1924）在其著作《經濟學原理》(1898) 之中，都強調了市場作用在解決人類經濟生活中諸如怎樣進行生產、生產什麼產品及為誰進行生產等主要問題的能力。總體經濟學涵蓋生產、消費、交換和分配各領域。

1898 年，英國經濟學家馬歇爾運用「需求和供給決定價格」來分析人類行為 ❶，從此開始了新古典主義。自由經濟支配著經濟思想，因而儘管有與自由經濟精神背道而馳的理論出現，如法國社會主義者聖西門（Saint Simon，1760～1825），英國社會改革家羅伯特·歐文（Robert Owen，1771～1858），法國空想社會主義者夏爾·傅利葉（Charles Fourier，1772～1837），法國無政府主義者約瑟夫·蒲魯東（Joseph Proudlon，1809～1865）以及德國共產主義者卡爾·馬克思（Karl Marx，1818～1883）等人的努力，卻都無法改變社會朝向自由經濟的進程。

在英國經濟學家阿瑟C·庇古（Arthur C. Pigou, 1877～1959）
之前，人們對市場機能能否解決所有經濟問題持有懷疑。「無形的手」
並未解決諸如外部環境、公共財物的缺乏、商業週期以及財富的分配
不公等問題。庇古將杰里米·邊沁（Jeremy Bentham's, 1748～1832）
的功利主義、阿爾弗里德·馬歇爾的經濟學原理和政府干預結合起來，
創立了福利經濟學概念，試圖消除市場作用所無法克服的困難。

約翰M·凱恩斯（John M. Keynes, 1883～1946）將三十年代
的大蕭條歸咎於有效需求的不足。市場作用的調節無法使資源得以充
分利用，以實現充分就業，失業成為必然現象。凱恩斯認為對大蕭條
最好的經濟解決方法就是政府的財政政策。例如，富蘭克林D·羅斯福
（Franklin D. Roosevelt）總統的新政。後來，斯堪的納維亞國家採
用了凱恩斯主義的思想來實施其社會福利政策❷。

政府對經濟發展的控制應該到何種程度？答案是同當時經濟發展
所處的階段聯繫在一起的。經濟學家查理斯·金德爾伯格（Charles
Kindleberger）和布魯斯·赫里克（Bruce Herrick）認為一國經濟發
展早期階段的驅動力包括有組織的企業、銀行和政府❸。主要驅動力
在經濟發達的國家中是有組織的企業；在發展中國家中是銀行，而在
不發達國家則為政府。隨著經濟的發展，經濟驅動力量的種類也隨之
變換。

政府在經濟決策中履行幾項基本職責：在創造財富的過程中保持
收入的公平分配；努力保持經濟發展速度；尊重私營領域經濟中的價
格機能，並在此競爭領域實施詳盡的規劃。將私營企業與公營企業分
離開來，應將那些私營領域無法經營的企業交由政府來經營。政府應
保護私營企業和私營經濟的發展。

從台灣早期的經濟發展史來看，政府在其不發達的經濟中發揮了

重要的作用。此後，政府的控制顯著減少而自由經濟成分增加。1949年至 1989 年間，台灣的經濟在政治穩定的環境中發展前進。台灣拒絕了蘇聯和共產主義的模式，實行了類似於第二次世界大戰以前的西方資本主義模式❹。

任何維護自由經濟精神，保障社會秩序的模式都是好模式。包括人力、土地、商品和資本在內的資源分配在這一模式之下獲益。經濟必須以保護人類自由爲目的加以規劃。中華民國的國父孫中山先生的這一目標成爲台灣經濟新模式的基礎。

台灣不斷降低與私營公司相關聯的公有企業的重要性。四十年來政府的作用有了改變，政府擁有和經營的公司變成政府指導和監督下的公司。台灣政府每投資一家公司通常只持有小於百分之五十的股份，使之成爲準公有公司。與此相類似的是作爲政府指導的一種形式，台灣政府協助建立起各種協會，如臺灣紡織業拓展委員會、臺灣水泥業公會、台灣對外貿易發展協會、工業總會、商業總會和台灣證券業公會。各個協會的主席或許是某位商界首腦，而該協會的主人則通常由政府指定，往往由某位與此行業有密切聯繫，具有豐富經驗，足以勝任指導協會工作並能積極地影響國家經濟發展進程的退休政府官員擔任。

第二節　經濟政策的運用

美國的共和黨和民主黨，德國的基督敎民主聯盟（Christlich-Demokratischen Union, CDU）和基督敎社會聯盟（Christlich-Soziale Union, CSU）以及英國的保守黨和工黨，都各自恪守特定的經濟指導思想和政策路線。而在國民黨領導的台灣則不同，國民黨強

調的是孫文思想。在這一思想的指導下，經濟部、財政部、中央銀行、自由派與保守派學者、立法院及大眾媒介對經濟政策可持不同見解，但並沒有出現重大的經濟思想和路線的爭論，也沒有政黨政治的嚴重衝突或偏見。國民黨的經濟政策逐漸趨於理性的決策，而且過去四十年的連續性大不同於美國民主黨與共和黨在政策上的來回搖擺不定。

1987 年 7 月 15 日台灣戒嚴令解除以及 1989 年民進黨在經濟政策中的作用擴大以後，台灣的經濟更加使人聯想到美國的經濟制度。這是不是台灣經濟發展進入新階段，創造另一個經濟奇蹟所需的最佳政策？時間將會證明。理想的經濟模式必須堅持傳統文化，採用現代經濟觀念，面對當前經濟問題。

台灣的成功很大程度上是理想的經濟模式的結果。斯坦福大學胡佛研究所的拉蒙・馬若孟和托馬斯・墨子刻教授總結了台灣奇蹟出現的原因：卓越的技術官僚的作用和對個人財產的重視❺，這些原因都同這種模式的觀念形態緊密相連。

1949 年國民黨政府撤退到台灣之後，島內經濟經歷了一場結構性的轉變。中國的內戰導致台灣物質和資源的嚴重匱乏和極度的通貨膨脹。1948 年的批發價比 1947 年增長 366.79%。1949 年 6 月 15 日，新台幣取代舊台幣，4 萬元舊台幣兌換 1 元新台幣，並且採取措施，規定新台幣的發行數量不得超過 2 億元❻。將足夠的黃金、白銀儲備和外滙用於支持新台幣。台灣的經濟因此得以穩定。

隨著新台幣的穩定，財政部需要財源和手段來保持經濟增長。稅收政策必須鼓勵未來的投資和儲蓄，並以鼓勵資本形成為目標實施稅收減免。儘管資金有限，台灣政府依然興建發電廠和化肥廠，開發電力、道路、鐵路、通訊系統、港口和天然氣等等重要建設。

1960 年台灣面臨一個轉折點。「獎勵投資條例」不僅促進了出口，

也因此增強了人民的投資意願 ❼。這一條例在引導國內和海外資金流向生產性投資方面取得巨大成效。除此之外，財政部還鼓勵人民增加儲蓄，以此作爲籌集經濟建設資金的一種方式，對這類儲蓄實施減稅，這樣得以迅速積累資金。財政部在台灣經濟發展的不同時期實行不同的政策：五十年代稅收政策重點在於提高生產能力和增加出口；六十年代側重於工業結構的升級；七十年代注重建立良好的投資環境和迅速改善工業結構以面對國際競爭；八十年代則盡力於爲實現國際化和自由化而進行調整。除了保持基本的政府收入目標外，台灣的稅收政策力求實現公正、公平和便利。

第三節　政府機構與私營企業間的關係

政府在台灣經濟發展過程中是何等重要？經濟政策與決策過程同樣至關宏旨。財政政策和貨幣政策如何制定？審視一下例證即可得到寶貴的認識。

一、台灣經濟政策的基礎 ❽

公衆意見　媒體所反映的公衆意見爲政府在決策中所採納。

立法院的質詢　質詢代表了每位立法者的選民的意見，也表達了他們的意願。

執政黨黨員的反映　政府中的執政黨必須認眞考慮黨員的意見以保持黨員的支持。

學者和專家調查研究的結果　學者和專家擔負著重要的觀察和預測任務，就當前問題向政府提出建議。政府集思廣益，避免作出錯誤的決策。

在民主制度之下，經濟政策必須經過討論程序方可付諸實施。政府必須與它的人民精誠合作，通過教育和培訓來提高生產力，經濟也因此得以迅速增長。民主程序是台灣經濟成就的關鍵。

二、政策的實施

某一法案在立法機構中獲得通過，成為公共政策之後，具體的落實方式則決定於公眾的需要與支持。經濟政策應以公平、合理和徹底的方式在全社會付諸實施。政府應認真審視執行的結果以利於將來之改進。台灣所堅持的就是這種在當今民主社會中所廣泛採用的模式。政府的政策不是著眼於少數人的個人利益，而是關注整個社會的需要。政策實施過程中出現的矛盾衝突必須以極大的政治智慧加以解決，這一技巧台灣必須掌握，才能使現代化有所前進。

三、政府經濟政策與私營工業發展

台灣政府對發展私營企業、廣泛地鼓勵私營領域的發展和明確區分公營與私營工業等方面負有責任。

台灣對私營企業的鼓勵有兩個方面。從消極的一面看，台灣限制國有企業的發展；從積極方面而言則是政府的經濟政策幫助私營企業的發展和增長。積極的鼓勵也可區分為普遍性的和個別性的援助。

四、對私營企業普遍性的援助

銀行　向確定為發展目標或對有重要意義的行業提供諸如低息貸款之類的補貼。

財政　實行保護性關稅稅率和稅收減免，「獎勵投資條例」中明列的行業享受五年免稅。公開發行股票的公司減徵 15% 的稅收。縮短新

建工廠和新購置的機器的折舊期。

外貿　台灣政府協助私營領域經濟並保護從事對外貿易的國內行業，對工業品出口實行退稅，設立保稅工廠，建立出口加工區。

五、對私營企業的個別援助

政府將國有企業轉讓給私營　涉及國家安全領域、壟斷性或大規模事業的行業除外。

政府幫助個人企業規劃建造工廠，籌集資金及銷售產品　台塑公司就是一個例子。

政府提供原料，收購產品　1949 年由於棉織品進口競爭激烈，價格下降，政府限制棉織品的進口，並向國內工廠提供棉花，後來又以合理的價格收購成品。台灣的紡織業因此而繁榮，並爲經濟的發展做出了巨大而長期的貢獻。

政府充當受託管理人　一旦私營企業的運作或財政出現危機，政府就實行接管，充當受託管理人，直至企業能重新自立。這種最後一著可使整個經濟免遭損害。

政府在風險領域充當貸方　在經濟衰退時期，政府放鬆銀根以緩解私營領域的經濟困難。1949 年唐榮鋼鐵廠處於財政困難，毫無擺脫希望，台灣銀行給予工廠財政支持，使其免於破產。

政府開發自然資源　自然資源的開發穩定了原料的供應。但由於成本高且成果無法預見，很少有公司願意投資於此。1954 年台灣政府承擔了採礦業的責任。

六、政府的協助給台灣經濟帶來深遠的影響

沒有政府的幫助，私營領域不可能取得成功。管制和規章制度可

能對經濟有限制作用，但它們也是良好意願和經濟現實的結果。許多對經濟落後國家至關重要的政策和經濟發展措施並不爲發達國家所理解。經濟落後國家若是能在追求經濟增長的過程中發揮出自由企業的潛力，社會正義就可能實現，台灣中小企業的成功爲收入分配的更加平等做出了貢獻。

近年來，台灣的私營企業逐漸壯大。然而不幸的是財富日益集中到少數人手中，要求政府加強對私營企業的監督和管理。一種解決方法就是相應提高遺產稅。另外就是創立一個完全競爭的市場，將所有資本轉變爲證券以平衡貧富收入的懸殊。但要糾正收入分配的不平等依然困難重重。政府必須在提高企業生產力和財富的公平分配之間作出平衡。在未來的 21 世紀，台灣要想成爲經濟發達國家，政府和私營領域必須爲實現這一國家目標而共同努力。

中央銀行（CBC）1961 年恢復營業後，對外滙實行管制，穩定了財政，促進了經濟增長。外滙管制的目的是爲了防止資金的大量流失。爲了擴大出口，避免出現國際收支逆差，外滙實行從多種滙率制到單一固定滙率到浮動滙率制的轉變。利率仍由中央銀行控制，1970 年後變得更爲靈活。1985 年 2 月中央銀行實行利率自由變動，並且取消了對其它銀行的許多控制。利率和滙率的這些變化的目的在於適應各種經濟發展目標的需要，並有助於實現資源的有利分配❾。

台灣經濟部有權管理全國的經濟和經濟建設。經濟部統管工業和貿易決策以及國家建設政策。早期的工業政策是謀求「依靠農業培植工業，通過工業發展農業」。經濟部將農林公司、工礦公司、造紙公司和水泥公司讓給私營領域，從農民手中收集資金，投資於工業。對剩餘農產品進行加工出口，以換取進口機器和所需的工業原料。

經濟部所管轄的國營企業在台灣經濟發展中舉足輕重。僅台灣煙

酒專賣局年收益一項就足夠政府人員開支；中國石油公司支持了下游工廠的發展；中國鋼鐵公司旣滿足了國家安全的需要，也滿足了私營領域工業的需求。此外，國營企業產品穩定的價格也穩定了國內消費物價水平，防止了物價飛漲。

　　1973 年經濟部領導下建立的物價督導會報 ❿ 負責保持消費物價的穩定，監查項目的執行情況，收集消費品和工業原料價格的訊息，比較國內外消費物價，估計未來供求趨勢。物價督導會報由各部人員組成，聯合行動以求最佳效果。此局發揮消費物價警察的作用，有利於促進自由經濟的順利運行。

　　經濟建設委員會（簡稱經建會）是行政院下屬的主要諮詢機構，其任務包括制定經濟建設規劃，研究和審查經濟政策和措施，以及對主要建設項目進行審查、協調、促進和監督。經建會最早爲 1950 年 3 月建立的美援運用委員會（簡稱美援會），後於 1963 年 9 月改爲經濟合作委員會（簡稱經合會），1973 年 8 月更名爲經濟設計委員會（簡稱經設會），1977 年 12 月才最後改爲經濟建設委員會（簡稱爲經建會）❶。

　　依照慣例，經建會根據經濟發展不同階段勞動力和原材料的供應情況，發布長期、中期和年度經濟計劃。譬如說經建會前期的經合會的六個四年經濟發展計劃對台灣早期經濟做出了重大貢獻。經建會協調各部之間的經濟和財政事務，使政府能夠整體協調運轉。具體程序如下：財政部或經濟部準備的案例交由經建會審查，後轉呈國民黨中央委員審批，然後由秘書長辦公室將政策呈交國民黨中常會作最終決定。表 7 之 1 進一步說明這些政府機構的職責。

表7之1 臺灣政府四個主要經濟和財政管理組織的職責與機構

一、財政部

　　國內所有財政管理，主要為金融和稅收事務。指導並監督最高級地方官員執行財政部命令。經行政院同意，中止或取消最高級地方官員與法律或法令相牴觸的或越權發布的財政命令。

二、經濟部

　　所有經濟管理，主要是工業和商業事務的管理以及國內建設。

　　檢查、監督最高級地方官員執行經濟部命令的情況。

　　中止或取消最高級地方官員與法律或法令相牴觸的或越權發布的經濟命令。

三、中央銀行

　　維持金融的穩定；

　　監督銀行業務；

　　穩定幣值；

　　在上述領域內協助經濟發展。

四、經建會

　　對經濟建設進行設計、協調、監督及評估。

　　資料來源：行政院研究考核暨評估委員會，《政府機構及其職責介紹》(台灣，台北，行政院研考會，1985)，第3至21頁。

第四節　對臺灣經濟發展政策作出貢獻的人士

　　在台灣的經濟發展經歷中，經濟決策一直引起自由派和保守派之間的爭論。保守派始終不願改變舊有的政策(或採取新的政策)，通常具有教條主義的特性。而自由派卻恰恰相反，總是力圖採用新的政策主要是美國和其它經濟發達資本主義國家政策。經濟部由於掌管衆多的公營公司，總是盡力維護所有權，防止這些公司向私營領域轉讓，傾向於低通貨膨脹水平（物價穩定）和高經濟增長率。這些與財政部所感興趣的問題不同。財政部努力增加從稅收和關稅中獲取的收入，因此有時在經濟政策方面與經濟部的利益對立。中央銀行則持一種貨幣主義的保守的經濟觀點，但其金融政策則深受財政部自由主義觀點的影響。

　　簡而言之，經濟部、財政部與中央銀行之間的政策矛盾時常發生。這些機構中，自由主義與保守主義的經濟學家混雜一起，經濟政策也因案例而各異，在所有政策問題上都辯論不休。

　　一旦出現政策爭論，經建會就出面解決問題。此外，每次政策辯論經建會都邀請持不同看法的學者專家就問題的某些具體方面提出建議，努力達成共識，形成切實可行的政策。例如，在錢純、陸潤康等擔任財政部長時期，政府所決定採用徵收增值稅的政策，最早擬採行此政策的財政部長是李國鼎。當時經濟部反對此項增值稅收政策，因爲歐洲經濟共同體徵收增值稅時遭受到通貨膨脹的危害，而經濟部總是與通貨膨脹作鬥爭。財政部則支持增值稅，認爲它有利於經濟的進一步發展，建立起一套現代化的稅收體制。財政部的自由派經濟學家

和經濟部的保守派學者則與業務部門的另一種觀點陷入激烈的辯論之中，最後此問題歸由經建會作出決定。

許多經濟政策的決策過程都經歷過類似的辯論。例如六十年代後期劉大中的稅制改革。七十年代初採用浮動滙率代替固定滙率的決定和七十年代後期的十大建設項目都是經濟政策辯論的例證。

政府對台灣經濟發展來說至關重要。許多重要政府官員制定經濟規劃和貨幣財政政策，引導台灣的私營企業走向成功。他們創造了奇蹟。這些人士從 1949 年至 1989 年爲台灣的經濟發展作出巨大貢獻，值得在此紀念❷。

陳誠 畢業於保定講武堂，深受已故總統蔣介石的信任。1949 年國民黨被迫遷來台灣時，陳誠擔任台灣省主席，1950 年改任行政院長。陳誠是位軍人，對財政或經濟所知雖少，但他聘請一批傑出人才：尹仲容、徐柏園、嚴家淦、楊繼曾和張茲闓，請他們擔任政府要職，並制定經濟政策。這一集團後來形成台灣經濟領導的主流。陳誠的貢獻在於聘用合適的人士解決五十年代台灣所面臨的嚴重經濟困境。

嚴家淦是作爲中國大陸福建省的財政廳長來到台灣的。台灣光復之後，嚴成爲台灣銀行董事會董事長。隨後他又擔任台灣省的財政廳長，他推行了新台幣替代舊台幣，成功地戰勝了通貨膨脹。他的成就使他在 1950 年陳誠擔任行政院長時被擢升爲財政部長。嚴熟悉如何掌握和處理專家之間就經濟問題產生的爭論，協調各方關係以形成正確、穩妥的經濟政策。他信奉市場經濟思想。

1950 年陳誠挑選鄭道儒這位曾留學日本的工程師擔任經濟部部長。陳希望鄭能用其工程專業知識建立起台灣現實所沒有的工業基礎。1952 年鄭的職務由貨幣主義學派經濟學家張茲闓接任，張曾多年在美國紐約大學精研經濟學理論與政策。陳誠在爲台灣早期的經濟發展挑

選合適人才方面可稱相當內行。和陳誠一樣，鄭道儒也堅信市場經濟的功能。

尹仲容　尹仲容是宋子文在中國大陸發現的人才，最早曾擔任中國金融開發公司的秘書長。大陸被共產黨接管之後，尹來到台灣，成爲主導台灣經濟重建的工業委員會委員，不久出任該委員會的副主席。他在陳誠擔任該委員會主席時在該會工作，許多主要經濟學家和貨幣主義學派人士如嚴家淦、張茲闓、徐柏園等人均爲該委員會成員。該會的主要活動包括第二次世界大戰後台灣經濟的重建和恢復，以及未來經濟發展規劃的制定。尹努力恢復島內的電力供應，並且在台灣光復後成功地將電力供應增加四倍。尹的卓越成就使其在張茲闓之後出任經濟部長，隨後又在 1954 年成爲中國中央信託局的局長。在台灣經濟上受到孤立時，尹出訪日本，就恢復雙邊貿易關係進行談判。1950年 9 月中華民國與日本的貿易協定簽字，宣告了台灣國際貿易新時代的到來。他在日本統治結束後重建了台灣的工業基礎，而他最令人稱頌的成就就是電力的恢復。尹的工作爲五十年代台灣的復興奠定了基礎。

尹仲容提出了第一個四年經濟發展計劃，使國有企業現代化，實行進口限制，並解雇了成千上萬的國營企業職員。人們認爲他與本地商人勾結，有目的地選擇進口商品以限制進口。1955 年 3 月以立法委員郭紫峻爲代表的反對派指控尹作爲中央信託局局長的非法給予揚子木材公司一筆貸款。尹被迫辭職並交付調查。後雖宣布無罪，但他不能再擔任部長職務。1963 年元月尹仲容逝世後，台灣人民認爲他爲台灣的經濟發展作出了重大貢獻。

俞鴻鈞　1954 年原任台灣省主席的俞鴻鈞在陳誠被選爲中華民國副總統後出任行政院院長。在大陸時俞就曾擔任財政部長和中央銀

行總裁，將五十萬盎司的黃金從上海運到台灣，使之免於落入共產黨手中。此項行動使他贏得了蔣介石的信任。作為行政院長，俞鴻鈞組成了一個金融和經濟人士內閣：財政部長由徐柏園出任，尹仲容擔任經濟部長。俞鴻鈞同這二位一道解決了五十年代後期國內的經濟危機。

韓戰爆發後，美國恢復了對台灣的軍事援助，為台灣經濟起飛出了大力。1953 年 7 月，身為台灣省省主席的俞鴻鈞組建起「經濟安定委員會」（ESC），並提出「台灣經濟建設四年規劃」（第一個四年經濟發展計劃, 1953 年至 1956 年）以配合美國的援助, 使之發揮最大效力。中華民國遷來台灣的早期，台灣省政府主要負責經濟規劃和開發，尤其側重經濟的穩定與重建。後來這一工作歸到行政院的「美援會」及後來的「經合會」等有關機構負責。

徐柏園　1954 年徐柏園接替嚴家淦出任財政部長，同時擔任台灣對外貿易和外滙委員會主席。徐利用他廣泛的權力幫助那些他認為值得幫助的私營企業，全然不顧當時有關他獲取非法收益的傳言。徐柏園建立起外滙管制制度，並且在台灣重建中央銀行的業務活動。1960年他離開財政部，擔任中央銀行的總裁，並使中央銀行的業務全面恢復。徐以其對台灣貿易和外滙發展所作出的貢獻而為台灣人所稱道。

江灼　江灼的專業是採購與供應管理。1954 年他曾出任國防部副部長。1955 年尹仲容辭職後, 江灼繼任經濟部部長。沒有人比他更勝任此職務了。江灼在擔任經濟部長期間策劃並實施了第二個四年計劃，把經濟增長率和工業平均增長率分別保持在 7% 和 10% 左右 ❸。1957年江灼因立法委員指責他玩忽職守而被迫辭職 ❹。他為台灣軍工企業的發展作出了貢獻。

1958 年中共炮轟金門和馬祖，陳誠重返行政院長崗位，嚴家淦被選再任財政部長，而擔任經濟部長的則是一位工程師楊繼曾。陳誠再

任行政院長期間，台灣的經濟處於十字路口。行政院面臨的挑戰就是如何將台灣的經濟從進口替代型轉變爲出口擴展型。1960 年 1 月尹仲容與經濟學家們一起草擬出《經濟和財政改革 19 點方案》。這 19 點方案的實施成功地使台灣完成了從進口替代向出口擴展的轉變，並且充實了對外貿易的基礎。六十年代台灣的國內市場主要採取進口替代的政策。爲了保持六十年代經濟發展的連續性，開闢國外市場異常重要。19 點方案運用貨幣、財政和外滙政策，在六十年代的出口擴展期內鼓勵擴大出口。台灣的經濟經歷過外滙短缺、高失業率和國內市場限制的困難，因此經濟學家和經濟政策決策者們一致贊同採用擴大出口的政策而不是進口替代第二階段的政策。

　　嚴家淦　1960 年由嚴家淦、尹仲容、楊繼曾和李國鼎提出的「獎勵投資條例」爲立法院所通過。這一法令的頒布爲台灣的經濟發展帶來了全新的前景。出口加工區、自由貿易區和工業園區的建立也同樣重要，它們爲台灣經濟的迅猛增長發揮了作用。

　　嚴家淦大學時學習化學，1947 年擔任台灣省財政廳長後就顯示出卓越的才能。他爲人謙和，頗具紳士風度，深得蔣介石和陳誠的青睞和信任。1958 年嚴出任財政部長，他熟悉台灣經濟狀況的每一個細節，因此被人譽爲「台灣經濟的百科全書」。六十年代蔣介石挑選嚴擔任行政院長，嚴家淦很好地履行了繁重的職責，沒有辜負給予他的信任。在此期間台灣的經濟增長迅猛，而消費物價保持穩定，國際社會開始把台灣經濟稱爲「奇蹟」。

　　1963 年台灣的美援會改組爲經合會，繼續保持其作爲重大財政經濟政策決策中心的地位。嚴家淦擔任該委員會的主任，李國鼎擔任副主任，成員包括政府要員陳慶瑜、徐柏園、俞國華及其他經濟學家。該委員會的主要職責就是進行經濟規劃、開發與國際經濟合作。六十

年代經合會負責規劃設計經濟政策，並有權批准向世界銀行提出的貸款申請約有總額爲 20 億新台幣的款項。而當時台灣中央政府的總預算不過 100 億新台幣。

嚴家淦的內閣成員包括陳慶瑜、楊繼曾、李國鼎、徐柏園和俞國華。1965 年，李國鼎出任經濟部長。1967 年俞國華擔任財政部長和中央銀行總裁。這兩位對台灣的財政經濟制度產生了重大的影響，其工作效果迄今仍能在台灣政府中感受得到。

陳慶瑜 1963 年至 1967 年，陳慶瑜擔任財政部長。1966 年美援停止，台灣政府面臨財政困難，但陳慶瑜成功地控制住預算，使財政部不僅預算平衡並使國庫擁有 20 億新台幣的財產。陳的後任俞國華與蔣介石總統的家庭關係密切。俞的主要政績是一項稅收改革方案，這項方案擴大了政府的收入來源並且鞏固了本地資本的地位。此方案得到劉大中教授的指導。劉教授是美國康乃爾大學著名美籍華人教授、中央研究院院士。這項改革方案的模式、理論和技術都與美國的稅收制度密不可分。劉教授的稅制改革方案得到俞國華的大力支持和李國鼎的贊同，理所當然也得到張則堯、陳聽安、陳文龍等稅收經濟學家的支持，但卻在立法院遭到各級稅收和公共財政官員的反對。儘管如此，由於得到蔣經國的支持，這項稅制改革方案終於付諸實施。1969 年俞國華出任中央銀行總裁。

李國鼎 1965 年楊繼曾辭去經濟部長職務，由李國鼎接任。李國鼎畢業於英國劍橋大學物理系，在擔任經濟部長前曾任美援會副主任委員。在其擔任部長的 4 年零 7 個月裏，他獲得極高的聲譽並一直延續至今。李國鼎負責監督第四個四年經濟發展計劃（1965 年至 1968 年）的執行，勤奮努力的結果是經濟年平均增長率達到 9.8%，工業平均增長率達到 17.7%。李吸引許多外國投資，主要是美資進入台灣，

使台灣成爲當時第三世界吸收外資最多的國家❺。他還在高雄、楠梓、台中和其它地區建立出口加工區，爲台灣賺取高額利潤。國際貿易成爲台灣經濟的生計所繫，李國鼎也因將外國投資引入台灣而聞名於世。

1969 年 7 月蔣經國就任行政院副院長，李國鼎改任財政部長，而其在經濟部的職務由陶聲洋接替。陶聲洋後來在任內去世。李國鼎總是手中拿著筆和紙，一有新的想法就馬上記下來，指派別人立即著手工作。他的主要貢獻在於使台灣經濟走向國際化和現代化。

費驊 1976 年李國鼎出任不管部部長（政務委員）後，費驊接替他的財政部長的職務。費驊的工作方式與陳慶瑜極爲相似，正派而且正直，同樣這兩點在他的工程師生涯中也有所反映。

陶聲洋 陶聲洋是位工程師，畢業於柏林大學，1969 年擔任經濟部部長。在短短的兩個月內，他建立起經濟部工業局以促使台灣的勞動密集型產業的產品，尤其是出口貿易中的食品、紡織業等升級。這一重要成就，使當時的台灣經濟發展大爲受益。陶聲洋的專業知識十分全面，以致他的政策在經濟部執行起來毫不困難，也未出現任何爭論。他還宣布實施農業自動化計劃以增強農業生產力。不幸因癌症去世於短短的任內。

孫運璿 1969 年陶聲洋去世後，孫運璿接任經濟部部長。他也曾做過工程師，在負責台灣電力公司時爲台灣的電力供應作出過顯著貢獻。孫運璿在任部長的 8 年半中，執行了第五個和第六個四年經濟發展計劃，並且規劃出六年經濟發展計劃。在他任職期間，台灣的年均經濟增長率達到 9.6%，年工業增長平均爲 16.4%，國際貿易迅速擴大，電子、紡織、電器、食品和塑料製品成爲台灣的主要出口商品❻。

孫運璿的主要政績在於規劃並實施十大建設項目。儘管有些經濟學家對此存有異論，但這十大項目得到蔣經國的支持，而且這些基礎

設施的建設給台灣的經濟注入新的生命力，孫運璿理應因此而受到世人稱讚。蔣經國褒揚了他的工作成就，並在就任中華民國總統時提拔孫爲行政院院長。1978 年張光世出任經濟部長，張繼正爲財政部長。

張光世　張曾在孫運璿手下任經濟部政務次長，協助孫長達 8 年半。張光世主張集體協作，從 1978 年起主掌經濟部大權。但張光世曾被指責爲保守主義和缺乏效率，這是不公平的。1981 年他離開經濟部。

趙耀東　在經歷張光世平實而未特出的表現之後，行政院長需要選用合適人選重振經濟。趙耀東曾任中國鋼鐵公司總經理，在當時其它國營企業普遍虧損時，中國鋼鐵公司卻能有盈餘。1981 年趙耀東出任經濟部長。

趙耀東曾在美國麻省理工學院深造和研究，也是位傑出的工程師。他對台灣的經濟改革有許多新的想法，但也有人認爲其中有些想法不切實際。

兪國華　1977 年經設會改組爲經建會，兪出任經建會主任委員，並在孫運璿內閣中充當引人注目的角色。經建會成員包括經濟部長、財政部長、交通部長、中央銀行總裁和行政院秘書長及其他重要決策人士。經建會主委負責召集會議，就全國經濟規劃、研究和發展及其他重大經濟政策問題進行決策。經濟部和財政部的政策建議都是在經建會的會議上得以確定的。

兪國華在財政經濟圈內是僅次於蔣總統和孫院長的第三號人物。經建會的提案從未遭到行政院的拒絕。孫運璿將個人權威與集體協作精神結合起來，領導國家順利地渡過了第二次能源危機。經建會主任協調制定的經濟政策建議交由孫院長簽署。兪國華不僅參加經建會的會議和政策辯論，並且在孫院長作出決定之後要負責通過集體協作、周密財政考慮和平穩的運作來使經濟政策得以貫徹執行，發揮效用。

1983年台灣的經濟復蘇，重新獲得活力。1984年孫運璿因中風而退休。

　　1984年俞國華接替孫運璿出任行政院院長。他與蔣家有著長達五十年的親密關係，在金融和財政領域擁有豐富的經驗。作爲孫運璿任行政院長時的蔣經國總統的首席經濟顧問，俞國華顯然是孫的繼任人選。在擔任經建會主任委員時，俞的一言一行儼然似經濟決策的首腦人物。俞國華對台灣經濟的主要功績在於保持物價的穩定。

　　徐立德　俞國華就任行政院長後任命徐立德爲經濟部長。許多人認爲徐之所以被委以此重任僅僅是因爲他遵循俞國華的路線。這是事實，但徐立德也因此常常很難得到他應有的榮譽。七十年代國民黨在陽明山革命實踐研究院開辦「國家建設研究班」培訓班培養未來的領袖人物。此計劃在蔣經國首次擔任國民黨主席時開始實施，其目的是在經過挑選的黨內精英中，創造一個上下齊心、同心同德的局面。此計劃培訓班僅開設三個班，參加人數共計84人。徐立德在研究院畢業，並受到主席的重視。徐立德在擔任經濟部長期間恰逢「十信案」醜聞曝光，他也因此被迫辭職。隨後他前往哈佛大學，並獲得該校約翰F‧肯尼迪政府管理學院馬森計劃授予的碩士學位。

　　陸潤康　陸潤康曾任職於美援會，後在經濟部和財政部擔任各種職務，最後出任財政部政務次長。1984年陸潤康被俞國華任命爲財政部長，但不到一年就因「十信案」而辭職。他現在是位名律師和銀行董事長，仍然貢獻於台灣經濟。

　　錢純　1985年錢純接替陸潤康擔任財政部長。錢曾是留學美國的經濟學者，長期爲俞國華工作並卓有成效。但他的學者風範，不甚適合於官場文化。儘管如此，增值稅制度仍在他任職期間得以順利實施。這種稅制爲經濟發達的歐美、日本所採用，從經濟角度看效果良好，但因台灣成本核算制度不完備，對台灣是否具備實行此稅制的條件爭

論較大。李國鼎和其他學者支持這種增值稅制度，但在實業界和稅務當局中則不乏反對人士。

李達海 李達海是位足智多謀的人物，1984 年繼徐立德之後就任經濟部長。儘管他年事已高，具體成就甚微，但在他任期內台灣經濟一直健康穩定地發展。或許亞當‧斯密言之有理：最小的政府是最好的政府。

張繼正 張繼正是蔣介石總統和蔣經國總統的資政張群之子，曾獲美國康乃爾大學農業博士學位，歷任交通部長、經設會主任委員和財政部長，1988 年在李登輝總統的政府內擔任中央銀行總裁。在政治經濟界，張繼正是位溫文爾雅的紳士。

陳履安 陳履安是陳誠的長子。1988 年 1 月 13 日蔣經國逝世後，李登輝繼任總統，開始了李登輝當政時代，他也是擔任中華民國總統的第一位台灣人。他的政治經濟思想是實用主義，主張將台灣發展成為世界貿易、投資、航空、航運和金融中心，以促進台灣經濟的發展。俞國華繼續擔任行政院長，陳履安不久就出任經濟部長。陳曾獲紐約大學數學博士學位。在擔任經濟部長以前，陳曾擔任負責國家科技發展研究類似美國全國科學基金會的國家科學委員會主任委員，以及教育部次長。他是位聰明而有自信的傑出政治人物。

郭婉容 郭女士曾獲美國麻省理工學院碩士學位和日本明治大學博士學位。作為國立台灣大學經濟學教授，她出版過數部個體和總體經濟學論者，1988 年出任李登輝總統的財政部長。她也是俞國華領導下的經建會副主任委員和中央銀行副總裁。郭博士是倪文亞的夫人，而倪則曾於 1976 年至 1989 年間擔任立法院院長。

錢復 錢復是中研院前院長錢思亮之子，錢純之弟，曾獲耶魯大學政治學博士學位。在 1988 年擔任李登輝總統任命的第一位經建會主

任委員之前，錢復曾出任外交部政務次長和台灣中華民國北美事務協調委員會官方代表。他是位傑出的學人、外交家和財經決策者。

謝森中　謝森中是李登輝總統交往甚久的私人朋友，曾被美國明尼蘇達大學授予農業經濟學博士學位。謝森中歷任國立台灣大學教授、經建會副主任委員和交通銀行董事長等職。1988 年出任中央銀行總裁，成爲李登輝總統屬下首任中央銀行總裁。

1990 年 3 月 20 日，李登輝當選爲台灣中華民國第八任總統。同年 5 月 20 日舉行了總統就職典禮。6 月 1 日由四星一級上將的郝柏村任行政院長的新內閣組成。蕭萬長接替陳履安出任經濟部長，王建煊代替郭婉容擔任財政部長，而郭婉容則成爲經建會的新主委。謝森中留任中央銀行總裁。鑒於郝柏村內閣是在第七任總統蔣經國之後成立的，故其作爲不在本著作的討論範圍內。

第七章　註釋

❶ 埃德溫 G・多蘭,《經濟學基礎》(欣斯德爾, 伊利諾州, 德賴登出版社, 1980), p.38。

❷ 威廉 J・鮑莫爾和艾倫 S・布林德,《經濟學原理和政策》(奧蘭多, 佛羅里達州, 哈考特布雷思, 喬瓦諾維奇, 1982 年), pp.790～793。

❸ 查爾斯 H・金德爾伯格和布魯斯・赫里克,《經濟發展》(紐約, 麥克勞希爾, 1969), p.58。

❹ 墨子刻和馬若孟,〈認識台灣經驗: 歷史的觀察〉,《太平洋評論》(第二卷第四期, 1989), p.303。

❺ 馬若孟,〈孫中山經濟思想與中國經濟發展〉,《孫中山與現代中國研討會論文彙編》(台北, 國民黨中央委員會黨史委員會, 1985 年 11 月), pp.7～9。

❻ 1948 年批發物價上漲 366.79%, 使得中華民國遷來台灣時經濟穩定成為生死攸關的大事。

❼ 提供的刺激措施包括: 五年內免除所得稅, 此免稅期可最多延長四年, 以使從產品設計到實際生產所需時間較長的資金密集型項目能得到更多的利益返還; 免稅期後徵收最高稅率僅為 20%的所得稅; 機器設備進口免徵關稅; 產品出口銷售免徵營業稅; 此外還提供減稅優惠及其他刺激措施以鼓勵研究發展、環境保護和節省能源。

❽ 魏萼,〈中華民國對外經濟政策的新趨勢〉,《亞洲評論》(1981), pp.88～89。

❾ 1969 年 8 月 2 日, 經濟部設立物價會報, 這是由 1968 年 7 月 30 日開始的物價穩定計劃轉變而成的。1973 年 8 月 10 日經濟部物價督導會報正式成立。

❿ 行政院經濟穩定委員會是在 1953 年至 1958 年間建立的, 但在 1963 年 9 月該委員會與美援會合併成立經合會。

⓫ 魏萼與林隆士,《台灣的政府與企業》(台北, 正中書局, 1989 年 5 月), pp. 3～10。

⑫　〈台灣的管理和經濟精英〉,《財訊雜誌》(台北，編輯委員會，第三號，1986年5月)及風雲論壇編輯委員會,《國民黨的政治經濟學家和資本家》(台北，風雲論壇出版社，出版物第19號，1987年7月)。

⑬　經濟建設委員會,《台灣統計資料1990》(台北，經建會，1990)pp.24～28。

⑭　此處「玩忽職守」指的是與美國公司合資經營的台灣造船公司管理不善。

⑮　經濟建設委員會，見前註，pp.24～28。

⑯　本書作者曾任孫運璿和經濟部長張光世的經濟顧問。

第八章 臺灣：成功的儒家資本主義經濟走向未來

第一節 概　　説

　　從 1949 年至 1989 年這四十年裏，儘管並非年年風調雨順，盡如人意，但臺灣的卓越經濟成就爲世界的經濟學家和經濟決策人士所承認。儒家資本主義國家諸如：臺灣、香港、新加坡、南韓和日本在戰後顯著的經濟發展已成爲公認的事實。儒家資本主義國家的經濟具有相同的經濟基礎，大多數國家缺少自然資源，許多國家曾是殖民地或具有殖民地特徵，人口高度密集是另一共同點。臺灣、南韓軍事負擔沉重、軍事預算龐大，並且臺灣的外交地位正處於風雨飄搖之中。

　　臺灣和大陸經濟發展的歷史大不相同。儒家資本主義的社會經濟政策和儒家社會主義的社會經濟政策的經濟結果也大相逕庭。南、北韓同樣存在差異。在越南和其他儒家社會主義地區，經濟成就是不能與儒家資本主義社會相比的。這種差異在於對傳統的強調創造財富、藏富於民的儒家思想的理解。儒家資本主義社會強調自由市場經濟以及財產私有制度；儒家社會主義經濟則背道而馳。臺灣經濟發展經驗可成爲中國大陸的一個參考。此外，儒家資本主義經驗爲「第三世界」問題和分析提供了重要的看法。其經濟政策和制度爲「第三世界」發

展中國家經濟提供了有益的教訓和參考。儒家資本主義的自由經濟制度強調隨著私有企業不斷的擴大，政府運用政策引導經濟發展的價值也日益增加。

儒家文化是臺灣中國文化主流的精髓。臺灣儒家資本主義經濟制度是具有中國特色的資本主義，與具有朝鮮特色的資本主義（南韓資本主義經濟制度）或具有日本特色的資本主義（日本的儒家資本主義經濟制度）有所不同。東方式的資本主義社會之間的差異一直為人們所研究。

在蔣家兩代四十年的統治之下，臺灣的中國式資本主義不同於西方福利資本主義,是一個在資本主義原則基礎上充滿活力的經濟制度，也包括諸如社會化醫療、保險、教育、養老等社會福利項目，同時注重公路、橋樑、航空、鐵路和公營企業等國家經濟建設。

在四十年的經濟發展中，臺灣始終有一些國營企業，但沒有一家公司將永遠歸國營企業，許多國營企業逐步轉成私有。臺灣的國營企業幫助人們賺了錢並藏富於民。

從公有到私有企業的轉變，即私有化，促進了私有經濟領域的發展。私營企業能夠從傳統的家庭式小生意變成現代化的大眾公司。採用了適當的金融渠道：大眾公司發行股票，即「資本證券化」以求富，資本的積累來自大眾游資，即「證券大眾化」以求均。同時實現經濟增長、財富增加以及收入分配平均化目標的經濟策略，是臺灣中國經濟思想具有歷史意義的部分。

1973 年 8 月 10 日以來,在經濟部領導下的商品物價督導會報，作為價格警察來制止投機行為。該機構阻止了一些投機活動，如囤積商品，並使國家在價格穩定、經濟秩序和經濟調節目標等方面不產生消極影響下進行引導，從中國傳統的經濟思想中繼承得來的這一政策思

想，在七十年代國際大蕭條時的臺灣起了非常好的作用。

　　臺灣政府的「經濟計劃」引導了經濟通過資源的有效分配實現高效率。在五十年代，臺灣採取了進口替代政策。但到六十年代就不再繼續實行第二階段的進口替代政策了。在經濟的十字路口，臺灣政府作出了最合理、最正確的決定。通過擴展出口貿易，臺灣吸收了六十年代後期的剩餘勞力投入生產加工。發展出口的政策解決了許多經濟問題，失業狀況顯著改善。

　　在七十年代勞動力缺乏、國際石油危機和經濟蕭條的情況下，臺灣政府採取了節約能源策略並開發了技術密集型產品。十大建設項目在 1979 年完成。早在七十年代初蔣經國總統就認爲按期完成這些項目至關重要，因此所有項目都按時完成了，在經濟方面未造成遺憾。在八十年代的國際蕭條中，臺灣的經濟領導人能夠繼續執行七十年代的政策並進一步發展技術和資本密集型產品。

　　臺灣四十年經濟發展歷史中，政府引導經濟從一個階段到另一階段時，政策隨之改變。臺灣政府總是有某種形式的經濟政策，但這種政策具有靈活性，根據國內外環境和經濟中的主客觀因素的不斷變化而調整。在不同階段採取不同政策，經濟政策隨時調整，以適應經濟現實。

　　通過不同的靈活的策略，臺灣政府制定政策以解決其經濟問題。正確政策的實施解決了不同發展時期的問題。臺灣政府採用漸進的方式，首先發展農業，其次是輕工業，最後才是重工業。農業是經濟發展的基礎，工業發展加強了國家的經濟實力，最後國際貿易增加了國家的財富。臺灣經濟發展是一個合乎邏輯、逐步漸進的過程。

第二節　意識型態比較與經濟政策

在從 1949 年至 1989 年的經濟發展中，臺灣經濟與大陸經濟有顯著的區別。由於受到馬列主義思想的約束，大陸的發展政策並不總是正確的。尤其是在起步階段，當時中共領導人違背經濟規律，強調首先發展重工業，然後是輕工業，最後才是農業。1949 年正確的經濟發展應按照臺灣的模式：農業、輕工、重工。最好的方法應該是採取開放的自由市場經濟政策，以金融和租稅刺激來鼓勵國內外貿易及投資。大陸的做法正好相反。但這個錯誤部分是由於美國對中國的封鎖及經濟制裁的結果。這樣一來迫使大陸沿循蘇聯模式並依賴蘇聯的經濟援助。

臺灣，這個國民黨執政領導下的中華民國遵循的是孫中山的三民主義。但是三民主義既是意識型態也是實際的策略。孫中山的理論不是嚴密的意識型態，因而臺灣經濟不局限於意識型態的束縛，而以現實主義為基礎。臺灣經濟依據主客觀、國內外條件必然導致實行現實的經濟發展策略。總體來說，四十年的經濟發展政策證明是現實的和正確的。

臺灣的經濟決策者以及一些機構，如財政部、經濟部都有各自不同的經濟目標。總體上政府的指導是統一的，但在某些次層次經濟目標上，財政部和經濟部經常發生矛盾。各自強調的目標不同，財政部要增加稅收，而經濟部則希望減免稅收及進口關稅以利於經濟發展。在經濟發展問題上，財政部與中央銀行存在同樣的矛盾。在這些矛盾衝突之中，採取妥協的政策是必不可少的。經濟政策鼓勵各部間的妥協以防止在經濟發展中出現失誤。經過妥協產生的建設性經濟政策逐

漸完善，達到各方面都認為最佳的水平。當各機構間的衝突在實現國家發展目標的利益基礎上得到解決時，經濟就會持久受益。

1987 年 7 月 15 日以前，臺灣的政治制度是長期戒嚴令下的一黨領導。在實施戒嚴的情況下，臺灣政府可以更容易推行經濟政策，因為許多人害怕公開反對政府，反而服從政府的經濟領導。一些特殊利益集團只好放棄個人主張，為國家利益而奮鬥。臺灣政府限制特殊利益集團的活動和個人操縱，一切新的政府經濟政策都達到了目的，實行戒嚴期間國民經濟持續增長。

臺灣執政黨吸取 1949 年前在中國大陸經濟失敗的教訓。經濟決策者和精英們撤到臺灣後，重新評介在大陸的經驗，認為除把經濟搞上去別無選擇。他們的決策是審慎的、精心的、認真的。1949 年後，精英們制定出合理的經濟政策讓政府官員們執行。1947 年的二·二八事件在某種意義上刺激臺灣經濟從一種非馬列主義的社會主義形式轉向以自由經濟為基礎的資本主義和私有制。慶幸的是，臺灣經濟從一開始就沿循著正確的經濟發展策略。

私營領域是臺灣經濟發展的基礎。「耕者有其田」的土地政策發展了農業的經濟潛力，提高了生產能力。四大公有公司轉讓給私營領域是土地改革的重要部分。地主以土地換取公司股票。地主階級進入工業，推動了臺灣向工業經濟的進程。土地改革是這種改變的催化劑。

五十年代初的「耕者有其田」政策將土地分給貧農和佃戶。作為工業化的結果，農業土地變成工業土地。土地價值的劇增使農民成為百萬富翁。通過「耕者有其田」政策這一向工業發展過渡的跳板，臺灣的農業社會轉變成工業社會。農業生產力的提高對從農業社會轉向工業社會做出了貢獻。由農民變成的百萬富翁投資於工業，進一步促進了經濟的發展。

　　臺灣政府發展了公營企業然後將許多這類企業轉讓給私營部門。在五十年代臺灣工業發展初期，政府建立了高進口關稅和實行保護主義政策。被保護的國內工業使羽毛未豐的工業基礎得以加強。除保護主義以外，臺灣鼓勵國外和海外資金流入，制訂投資條例，這些政策幫助私營領域獲取工業發展所需的資金。臺灣通過藏富於民實現了國民經濟發展目標。

　　中國人民勤奮、節儉、誠懇。他們的才智在自由、平等競爭的經濟政策下得到發揮，他們個人的潛力也因此得以開發。儒家資本主義社會是以家庭主體爲特徵的。全家上下同心協力促進了經濟的發展，也爲中國人民創造了良好環境。傳統的儒家品質──勤奮、節儉、誠懇、誠實和相互支持──在一個健康的經濟環境中得以發揚。

　　然而，在儒家社會主義社會，這些文化特點遭到壓制，得不到發展和發揚。儒家的家庭主體原則有利於經濟發展，這一點可以從戰後日本、南韓、香港、新加坡、臺灣的經濟成功窺見一斑。這些資本主義社會提供了適當的經濟發展環境。儒家社會主義社會造成的落後經濟無法提供這種環境。

　　麥克斯‧韋伯教授並不認爲儒家文化的那些因素對發展資本主義十分必要。他誤解了儒家思想，認爲民間儒家思想、儒家思想的政治化或社會化形式對經濟發展不利。由於缺乏材料，使韋伯作出結論，認爲儒家社會缺乏資本主義的基本要素。由於忽視了儒家思想一些極其重要的方面，他把儒家思想看作是非科學的，認爲儒家文化不能順應工業的發展。

　　然而第二次世界大戰後，臺灣、南韓、日本和新加坡取得巨大的經濟發展成就，並迅速完成從農業社會到工業社會的轉變，這種工業化並不是以一種混亂的歐洲式的工業革命的方式出現，相反儒家工業

革命能夠和平地過渡，未出現社會秩序混亂，避免了不良的社會變化。儒家工業革命防止了重蹈歐洲巨大社會變化的覆轍。同時在儒家資本主義地區所取得的工業化和社會化成就，證明易經中的和諧思想能在儒家社會中起作用。

　　臺灣、南韓、香港和新加坡這些儒家資本主義文化圈國家，在政治和經濟並不有利的情況下努力奮鬥，取得了經濟發展成就。這些國家自然資源缺乏，都具有殖民主義的歷史，同樣面對不穩定的政治、軍事局面：臺灣面臨中共的威脅；南韓面臨北韓共產主義的威脅；新加坡面臨馬來西亞和印度尼西亞的威脅；香港受到來自大陸和1997年變化的壓力。臺灣、新加坡、香港和南韓都缺乏自然資源，都曾是殖民地，都必須向控制著它們的政治陰謀作鬥爭，都具有需要更加努力才能克服困難的情況，卻仍然取得了經濟發展成就。臺灣和南韓承受巨大國防重負，需要承擔自由世界最沉重的國防預算。

　　學者們認為臺灣人、香港人集中力量發展經濟是因為他們毫無政治機會。所有港臺居民所能做的只有賺錢，因此他們把精力放在發展工業和商業中。在英國控制下的香港，除了少數初級的政治運動外，人們熱衷做生意，強調發展工業。臺灣曾是日本政治統治下的殖民地，人們只限於從事貿易和工業。1947年的二‧二八事件揭示的事實是參與政治是危險的，因而人們不願參加政治活動。港臺居民類似的經濟發展活動，表明經濟實力來自某些政治權利的被剝削。同樣的原因，儒家社會主義文化地區的人民由於缺乏經濟活動機會，因而他們把精力集中於政治運動和權利鬥爭中。

　　縱貫面型儒家經濟思想與橫斷面型儒家經濟思想的不同源於中國和日本家族繼承制度。由中國傳統平等文化形成的財產繼承制度與日本的長子繼承權不同。在中國的繼承制度中，子女平等繼承財產，這

種制度不適合資金積累及大企業和經濟的發展。此外，中國人願意自己做生意，而日本人卻不一樣，他們以爲某著名公司工作爲榮，並始終忠實於該公司。日本人比中國人缺乏個人色彩。另外，家庭的概念也不同。中國人強調自己的家庭(僅限於他們的親屬)，而日本人或多或少在公共範圍內表達感情。中國人忠實於自己家庭，日本人更願忠誠於社會或公衆。

這些區別使中國人傾向於做些小生意，而在日本大公司卻占有優勢。日本政府不願借助介入經營大型公營企業來發展經濟。與中國不同，日本政府只需起引導作用，制定經濟政策並監督私有經濟達到其經濟目標。但在臺灣，政府本身必須擁有並經營大公司。這是兩個資本主義國家經濟的基本區別。日本屬於縱向儒家資本主義而臺灣屬於橫向儒家資本主義。

南韓介於日本、臺灣之間。政府在企業中投資，但不完全接管和經營這個企業。政府以公私合資企業的形式起到監督作用。臺灣政府擁有並經營公有企業，日本政府引導私有企業，南韓政府則監督公私合資企業。

第三節　臺灣經濟和蘇聯的對比

七十年來，蘇聯在一個馬列社會主義政府的領導下，不允許市場經濟和私有制的發展。私有經濟被禁止，認爲私營領域違背了馬列主義的社會主義思想。1986 年後蘇聯政府在戈巴契夫領導下進行經濟政策改革，使蘇聯進入一個偉大的歷史時期。

在蘇聯社會主義計劃經濟的極權之下，不存在用利潤刺激來激發人民去生產。俄國的人力資源沒有得到開發，這種人力資源錯置的結

果是不經濟的。早在二十年代，1917 年十月革命不久，蘇聯曾是全世界富有的國家之一，生活水平很高。社會主義的經濟制度使人民陷入貧窮，七十年後蘇聯不再是個富裕的國家。外滙儲備嚴重缺乏，削弱了蘇聯經濟。在這種情況下，蘇聯知識分子抱怨說社會主義是貧窮的同義詞就毫不奇怪了❶。

蘇聯的經濟歷史與臺灣 1949 年後經濟經驗形成鮮明對比。五十年代，臺灣經濟與其它國家相比相對落後。當臺灣實行自由市場經濟、私有制和中國式的資本主義後，臺灣人民在經濟發展進程中逐漸富裕起來，甚至在政府面臨財政困難時期也不例外。1989 年臺灣擁有 760 億美元的外滙儲備，位居世界第二。誠如亞當・斯密在《國富論》中所論的自由市場競爭和私有制的「無形的手」，這在臺灣的成功中起了關鍵的作用。

八十年代末，戈巴契夫帶領蘇聯進行私有制經濟的試驗❷。蘇聯政府開始允許人們做小生意，例如，街角和地鐵站的私人鮮花攤。莫斯科到處可見美麗的鮮花。如果蘇聯政府允許人們在街上出售鞋子、雨傘、服裝、襪子和自行車的話，莫斯科到處就會有鞋子、雨傘、服裝、襪子和自行車。因為有人去生產，如此蘇聯的物資就豐富起來了。其動機是什麼？就是利潤刺激這隻看不見的手，與中國哲學中的藏富於民相似。讓人民富裕，政府就會富裕。反過來也同樣正確，就像頭七十年蘇聯經濟歷史表明的那樣❸。

蘇聯有著豐富的自然資源，但莫斯科的百貨商店的消費品卻寥寥無幾。臺灣自然資源貧乏，但臺北百貨商店的商品卻琳琅滿目。在莫斯科，蘇聯人排長龍購買商品，數量還往往受限制。這些商品的缺乏是蘇聯經濟供不應求的症狀，也是社會主義的典型現象。

蘇聯和臺灣經濟的巨大差別毫無疑問令蘇聯的知識分子對臺灣經

濟發展模式產生濃厚興趣。儒家道德觀和臺灣經濟發展模式一定能爲蘇聯經濟學家和決策人士提供有價值的教訓。

第四節　臺灣經濟發展史中的不利因素

臺灣經濟發展中也出現了不利方面，包括對國內工業過分保護而出現的不公平。譬如臺灣發展汽車工業實施的保護主義，使得汽車廠家大發橫財並成爲百萬富翁。過分保護主義使汽車工業失去創新和技術進步的動力。受到過分保護的產品在國際上較少露面，在國際市場競爭中軟弱無力。某些保護主義或許是個錯誤的政策，但不幸的是，臺灣政府經常失當對這一特殊國內工業實行的保護主義。

「耕者有其田」計劃成功之後也隨之出現不利的一面。在從農業社會到工業社會的轉變中，大批土地用於工業或變成居民區。土地價格上漲，「耕者有其田」政策的受益者農民成了百萬富翁。倒賣土地的投機商如瘟疫般嚴重影響經濟活動，減緩了經濟效率。

紡織品配額制度是向工業社會轉變中的另一個不平等因素。手中持有配額但不出口紡織品的商人可以轉讓配額，讓他人向諸如美國等國家出口紡織品。持有配額者向其他紡織品出口商出售他們的特權，享受著出租配額所得的收入。這是臺灣經濟發展中一個特殊不公平。經濟部應該制定出解決這類問題的辦法。臺灣政府必須形成一種能消除這種社會特權的政策。

在臺灣，公營企業雇用不稱職人員時就會遇到經營管理的問題。材料的浪費和公營企業的管理不善造成某種不經濟。爲防止管理上的效率低下，公營企業應轉讓給私營領域，私有制應在更早的時候出現。管理困難的公有公司常遇到來自內部的改革阻力，使向私營領域的轉

讓更困難。

臺灣政府認識到銀行、信託公司和股票經紀業對解決管理問題有特殊困難，不應在自由競爭貿易環境中沒有法律限制和不受約束。政府因而限制私有銀行、信託公司、保險公司和股票經紀業中新企業的數量，遲遲不接受法人在這些領域的經營申請。這些企業具有傳統的特權，是社會不平等的潛在力量。事實得到證明，不公平的特權和滾滾而來的利潤只有增加社會不公。

八十年代末，出現大批股市投機者和其它從事股票和房地產投機業、地下賭博和彩票行當的人。臺灣有第二經濟，即地下經濟。地下銀行和投資公司很多，人們的投機心理驅使他們尋求地下賺錢的勾當。娼妓、地下銀行、地下投資公司、賭博、股票和房地產投機成為臺灣經濟的問題所在。

經濟因素和非經濟因素都會出現問題。社會道德體系遭到破壞，造成一種人類污染。人們忽視道德倫理，社會處於混亂和無政府狀態。這是八十年代末出現的一種現象，是經濟發展和錯誤經濟決策的結果。在經濟發展的四十年裏，三大穩定：社會穩定、政治穩定、經濟穩定是臺灣社會的重要基石。孫中山思想就是為同時實現工業化和社會化而奮鬥。八十年代末，工業化飛快發展，而社會化進程緩慢。工業化後形成以社會化滯後為代價的，這些可在社會秩序混亂對生活質量影響中看出。儘管如此，經濟的和非經濟的不利因素同樣抹殺不了四十年顯著而堅固的發展成就。然而臺灣的經濟成就為世界所公認，這是無法否定的。

第五節　臺灣經濟發展成功的原因

　　臺灣實行中國式資本主義經濟制度，與歐洲或美國的資本主義相似而不相同，其特別強調政府的經濟計畫、經濟政策和國有企業應有的作用。在臺灣的自由市場經濟中，逐漸增長的私營領域的生產能力支持了經濟的發展。

　　臺灣經濟發展的正確經濟戰略意味著優先發展農業，其次是輕工業，最後才是重工業。經濟規律要求循序漸進的經濟發展，乃是正確的經濟政策。

　　臺灣宏揚儒家思想，尤其強調儒家倫理道德。儒家工作精神增加了經濟領域中的社會和諧性，為提高工人勞動生產率做出了貢獻，並有益於儲蓄和投資。

　　臺灣成功地將其經濟引入國際社會。領導人對國際經濟主客觀條件的變化十分敏銳，大力發展國際貿易，正確地進入了世界經濟社會。

　　「耕者有其田」的政策是臺灣實施漸進的土地改革的重要原則。人均勞動生產率和單位土地收益的增加都給農業社會帶來繁榮，推動了臺灣工業的發展。

　　臺灣不同於其他經濟落後國家，採取了一項平衡增長策略，同時維持多個經濟目標：經濟增長，穩定，收入分配平等，農業和城市經濟同時發展。財政和外貿的平衡，避免了臺灣經濟策略中的赤字。

　　臺灣的國有化政策在經濟發展中起著關鍵作用。國營企業提供了私營領域無法提供的商品，保持物價穩定，提供健康的就業環境，所有這些都間接有利於經濟增長。國營企業是必不可少的，它們不是私營企業所可替代的。隨著臺灣經濟的發展，國營企業所占比重逐漸下

降，發展就立足於私有領域經濟，立足於藏富於民。經濟發展首先使人民富裕，然後才是國家。

臺灣的平等競爭經濟是其成功的主要因素。機會平等的教育制度開發了人力資源。臺灣所缺乏的自然資源從其豐富的人力資源中得到極大補償，寶貴的人力資源成為臺灣經濟發展的動力源泉。

日本殖民統治者著重的是臺灣的農業和日本的工業。起初，臺灣的農業是為日本工業發展而開發的。以後，在二次大戰末，日本將臺灣的工業引向軍事目的。臺灣從日本的工業化中受益，並建立了將來經濟發展的基礎。1950 年至 1964 年美國為臺灣經濟提供外援及貸款，日本經濟基礎和美國援助幫助了臺灣經濟的發展。

朝鮮和越南戰爭提供了額外的經濟動力。朝鮮戰爭是五十年代臺灣實行進口替代策略時爆發的，越戰恰好發生在六十年代出口擴展時期。整個五十年代和六十年代，臺灣向自由世界提供物質，擴展了它自己的進口替代和出口，從而推動了經濟的前進。

臺灣的成功是經濟計劃者周密構想，依據主客觀條件、國內外政治經濟環境而進行逐步調整的結果。政策適合於經濟條件，並為臺灣建立了一個最為理想的經濟。

第六節　未來的挑戰

臺灣經濟的變數將隨時間的推移而改變。國際競爭將進一步加劇。世界範圍的國民收入將繼續增加，需求水平也有所提高而追求更高的質量。臺灣經濟面臨這些新的挑戰而必須從勞動密集型產業向技術和資本密集型產業轉變。臺灣經濟必須不斷升級並進入發達國家行列。過去的經驗表明臺灣未來經濟政策必須追求貿易自由化、國際化和制

度的現代化。

　　對那些以往在臺灣政府保護幼小工業政策下得到庇護的工業來
說，經濟自由化是必要的。保護主義政策必須放鬆，以使經濟得以增
長。被保護的工業必須向前邁進，在國際經濟市場中進行有效競爭。
臺灣政策制定者正在尋求辦法減少政府保護，鼓勵自力更生。自由企
業、競爭環境以及提高生產力的挑戰機會對臺灣未來工業大有益處。
臺灣自1989年開始繼續實行自由化政策，政府經濟政策與時代相適
應。儘管沒有一項永遠可運用的經濟政策，但總有一項某種形式的政
府經濟存在。過分強調經濟自由化，而不顧客觀經濟條件大概是不明
智的。

　　由於臺灣努力實現經濟的自由化，國際依賴性增加了。臺灣依靠
國際經濟，國際經濟也需要臺灣，使得在臺灣經濟國際化進程中，這
種相互依存關係的協調非常重要。臺灣必須去除貿易壁壘，減少關稅
種類和稅率，消除進口配額制度，採取更靈活的滙率以使其經濟更適
應國際化的需要。臺灣將增加在國際經濟中的參與。

　　經濟現代化政策涉及到新的規定和法律以有助於達到經濟自由化
和國際化的目標。臺灣政府修訂這些經濟法規，把新政策置於公平、
合理的系統現代化之下，對經濟的長期健康和繁榮作出貢獻。

　　1987年7月15日臺灣政府解除戒嚴令之後，公眾輿論的力量隨
大眾傳播媒體的發展而增強。政府在制定新政策方面變得猶豫不決，
削弱了自己的經濟權力，危害了將來的經濟發展。在這緊要關頭，臺
灣政府必須立場堅定，在適當時機採用正確的政策，保證系統經濟自
由化、國際化和制度的現代化等這些未來經濟政策趨勢的順利實現。

第七節　歷史因素對臺灣經濟發展的影響

臺灣的私營企業一直目光短淺，追求即時的高額利潤而忽視長期發展。短視的投資行為對未來產生影響，因為忽視遠期利潤必定削弱工業的長期發展。這種不利狀況仍會重現。而要避免經濟遭受更大損失，臺灣就應引導私營企業進行有益於長期經濟繁榮的投資。

臺灣已失去廉價勞動力這一競爭優勢。由於這一損失，企業必須強調勞動生產力，才能在未來國際市場中表現不凡。高勞動生產力有賴於技術的先進或資金積累的改善，而臺灣的投資刺激低下，這種令人焦慮的狀況是投資率與儲蓄率之間的巨大差距的表現。儲蓄額高而投資少，因此臺灣政府應從經濟前景著眼，鼓勵投資，以積累資金，提高勞動生產力。

人力資源是有關未來經濟發展的另一個重要領域。臺灣需要優秀的工程師、科學家和現代管理人才，去實現各種發展目標並開闢新的經濟天地。臺灣在人力資源上潛能巨大，但傳統的儒家社會強調學歷而忽視技術的重要性。臺灣的發展需要技術專業化，必須強調人力資源要與經濟發展的各個階段相適應。

傳統儒教以家庭為主體的獨特成分或許與臺灣經濟發展關係重大。儒教的家族觀念促進了臺灣中小型家族企業的發展。但技術和資本密集型產生需要現代化的國營企業，傳統的家族產業也必須現代化。臺灣家族產業必須有所突破，推動中小企業合併公司並發行股票。當家族企業發行股票時，臺灣就可籌集資金來經營現代化大型產業。必須消除這一瓶頸。

臺灣四十年卓越的經濟發展為全世界的經濟學家和政治經濟決策

人士所公認。但對未來而言，問題依然存在。中華民國臺灣在李登輝的領導下能創造另一次經濟奇蹟嗎？臺灣政府必須審慎回顧過去的成功經驗以決定將來的政策方向及最佳的實施方式。

1989 年後，經濟增長下降到 5.29%。經濟學家們擔心臺灣在政治、經濟、社會、文化和環境等方面的倒退，對其未來的資金和技術密集型經濟產生消極的投資刺激。勞動密集型產業會受到高工資的不利影響，使臺灣經濟只能尋求發展旅遊、航運、航空、銀行和金融等服務型產業。臺灣經濟出現產業空洞化。金錢操縱民意政治，腐化社會，它使文化墮落，並污染了環境。臺灣經濟的衰敗問題就留給了 1990 年 5 月 20 日就任中華民國臺灣第 8 任總統的李登輝政權來解決。

在二十世紀的最後十年中，臺灣經濟處於十字路口。一條正確的路是臺灣使其工業向資本和技術密集型升級，按日本模式來鑄造臺灣將來的經濟成功。另一條路是使臺灣經濟陷入二十多年來菲律賓經濟經驗的停滯狀態。最終的答案將由未來的經濟歷史學家們來撰述。

第八章 註釋

❶ 人員交流 我曾應莫斯科國立大學和蘇聯國家科學院的邀請出訪蘇聯。在訪問中作過廣泛的會見和接受訪問。

❷ 艾高·蓋達爾 爲蘇聯名經濟學人，預言蘇聯共產主義將被改變。他是戈巴契夫領導下的蘇聯改革委員會成員。1990 年 8 月 23 日在斯坦福大學胡佛研究所所作的講演。

❸ 魏萼，<中國危機的背後：臺灣眼中的中美關係的本質>，《亞洲事務》，16：2，1989 年夏，紐約，pp.93～97。

主要英文參考書目

Aron, Raymond, *Main Currents in Sociological Thought*. New York: Basic Books, 1965.

Baumol, William J., and Alan S. Blinder, *Economic Principles and Policy*. Orlando, Fla.: Harcourt Brace Jovanovitch, 1982.

Bellah, Robert N., *Religion and Progress in Modern Asia*. New York: The Free Press, 1965.

Bendix, Reinhard, *Max Weber: An Intellectual Portrait*. Berkeley: University of California Press, 1978.

Bradley, Michael, *Economics*. Glenview, Ill.: Scott, Foresman, 1980.

Braudel, Fernand, *On History*. Chicago: University of Chicago Press, 1980.

Dolan, Edwin G. *Basic Economics*. Hinsdale, Ill.: Dryden Press, 1980.

Eisenstadt, Samuel N., *The Protestant Ethic and Modernization: A Comparative View*. New York: Basic Books, 1968.

Eldridge, J. E. T., *Max Weber: The Interpretation of Social Reality*. New York: Scribner, 1975.

Galenson, Walter, *Economic Growth and Structure Change in Taiwan: The Experience of the Republic of China*. Ithaca, N.Y.: Cornell University Press, 1979.

Galli, Anton, Taiwan: *Economic Facts and Trends*. Munich: IFO Development Research Studies, 1980.

Gerth, H. H., and C. W. Mills, *From Max Weber*. London: R. K. P., 1985.

Giddens, Anthony. *Capitalism and Modern Social Theory.* London: Cambridge University Press, 1971.

Gold, Thomas B., *State and Society in the Taiwan Miracle.* Armonk, N. Y.: Sharpe, 1986.

Gregory, Paul R., and Robert C. Stuart, *Soviet Economic Structure and Performance.* New York: Harper & Row, 1981.

Hirschman, A. O., *The Strategy of Economic Development.* New Haven, Conn.: Yale University press, 1964.

Ho, Samuel P. M., *Economic Development of Taiwan, 1860~1970.* New Haven, Conn.: Yale University Press, 1978.

Hofheinz, Roy, Jr., and Kent E. Calder, *The East Asia Edge.* New York: Basic Books, 1982.

Hong, Wontack. *Trade, Distortions, and Employment Growth in Korea.* Seoul, Korea: Korea Development Institute, 1979.

Hoselitz, Bert F., "Economic Growth and Development: Non-Economic Factors in Economic Development"; *American Economic Review,* 47:28-41, 1957.

Hsing, Mo-Huan., *Taiwan: Industrialization and Trade Policies.* London: Oxford University Press, 1971.

Jackson, Karl D. and M. Hadi Soesastro, *ASEAN Security and Economic Development.* Berkley: University of California. Institute of East Asian Studies, 1984.

Jacob, N., *The Origin of Modern Capitalism and Eastern Asia.* Baltimore, Md.: Johns Hopkins Press, 1951.

Jacoby, Neil H., *U. S. Aid to Taiwan: A Study of Foreign Aid, Self-Help and Development.* New York: Praeger, 1966.

Jiang, Joseph P. C., *Confucianism and Modernization: A Symposium.*

Taipei: Freedom Council, 1987.

Kahn, Herman, *World Economic Development.* Boulder, Colo.: Westview Press, 1979.

Kindleberger, Charles H. *Economic Development.* New York: McGgraw-Hill, 1969.

Kuznets, Simon, *Modern Economic Growth: Rate, Structure, and Spread.* New York: Feffer and Simons, 1966.

————, *Economic Growth of Nations: Total Output and Production Structure.* Cambridge, Mass.: Harvard University Press, 1971.

Lai Tse-han, Ramon H. Myers and Wou Wei, *A Tragic Beginning: The Taiwan Uprising of February 28, 1947* (Standford, Calif.: Standford University Press, 1991) .

Laszlo, Ladany, *The Cammunist Party of China and Marxism（1921-1985）*.Standford, Calif.: Hoover Institution Press, 1988.

Lazitch, Branko, *Biographical Directory of Comintern.* Standford, Calif.: Hoover Institution Press, 1973.

Lee, Kai-Cheong, *Macroeconometric Studies on Foreign Trade and Economic Growth: The Cases of Taiwan and South Korea.* Taipei: Academia Sinica, The Institute of Economics, 1981.

Lewis, W. Arthur, *The Theory of Economic Growth.* Homewood, Ill.: Irwin, 1955.

Li, Kwoh-ting, *The Experience of Dynmic Economic Growth On Taiwan.* Taipei: Mei Ya Publishing Inc., 1981.

Lin, Ching-yuan, *Industrialization in Taiwan 1946-1972: Trade and Import Substitution Policies for Developing Countries.* New York: Praeger, 1973.

Ma, Herbert H. *Adoption of the ROC Constitution of 1946: The*

Taiwan Experience 1950-1980. New York: The Association for Chinese Studies, 1981.

Marshall, Gordon, *In Search of the Spirit of Capitalism: An Essay on Max Weber's Protestant Ethic Thesis*. New York: Columbia University Press, 1982.

Metzger, Thomas A., *Escape From Predicament*. New York: Columbia University Press, 1977.

Myrdal, Gunnar, *The Challenge of World Poverty*. New York: Vintage Books, 1971.

Nakamura, Robert T., and Frank Smallwood, *The Politics of the Policy Implementation*. New York: St. Martin's Press, 1984.

Nurkse, K., *Problems of Capital Formation in Underdeveloped Countries*. New York: Oxford Liniversity Press, 1953.

Poggi, Gianfranci, *Calvinism and The Capitalist Spirit: Max Weber's "Protestant Ethic"*. Amherst: The University of Massachusetts Press, 1983.

Rains, Gustav, John C. H. Fei, and Y. Y. Kuo, *Growth With Equity: The Taiwan Case*. New York: Oxford University Press, 1979.

Ranny, Austin. Governing: *A Brief Introduction to Introduction Science*. New York: Holt, Rinehart and Winston, 1971.

Rostow, W. W., *The Progress of Economic Growth*, New York: Norton, 1962.

Roth, G. and W. Schluchter, *Max Weber's Vision of History: Ethics and Methods*. New York: Columbia University Press, 1979.

Runciman, W. C., *Weber: Selections in Translation*. London: Cambridge University Press, 1978.

Scalapino, Robert A., Seizaburo Sato, Jusuf Wanandi, and Sung-joo Han, *Pacific-Asian Economic Policies and Regional Interdependence*. Berkley: University of California, Institute of East Asian Studies, 1988.

Scalapino, Robert A., *Economic Development in the Asia-Pacific Region: Appropriate Roles From Japan and the United States*. Berkley: University of California, Institute of East Asian Studies.

————, *The Politics of Development* (*Politics on Twentieth-Century Asia*) Cambridge, Mass.: Harvard University Press, 1989.

Schluchter, W., *The Rise of Western Rationalism: Max Weber's, Development History*. Berkley: University of California Press, 1981.

Thurow, Lester C. and Robert T. Heilbroner, *The Economic Problem*. Englewood Cliffs, N. J.: Prentice-Hall, 1985.

Weber, Marianne, *Max Weber: A Biography*. New York: Wiley, 1982.

Weber, Max, *The Protestant Ethic and the Spirit of Capitalism*. New York: Free Press, 1958.

————, *The Religion of India: The Sociology of Hinduism and Buddhism*. New York: Free Press.

————, *General Economic History*. New York: Collier Books, 1961.

Weber, Max, *The Religion of China: Confucianism and Taoism*. New York: Free Press, 1951.

————, *Economy and Society*. Berkley: Universioy of California Press, 1978.

Wiljiamson, Harold F. and John A. Buttrick, *Economic Development Principles and Patterns*. Englewood Cliffs, N. J.: Prentice-Hall, 1978.

Wu, Rong-I, *The Strategy of Economic Development: A Case Study in*

Taiwan. Ph. D. dissertation.

Wu, Yuan-Li, *Becoming an Industrialized Nation: ROC Development on Taiwan.* New York: Praeger, 1985.

三民大專用書書目——經濟・財政

經濟學新辭典	高 叔 康	編	
經濟學通典	林 華 德	著	臺 灣 大 學
經濟思想史概要	羅 長 闓	譯	
經濟思想史	史 考 特	著	
西洋經濟思想史	林 鐘 雄	著	臺 灣 大 學
歐洲經濟發展史	林 鐘 雄	著	臺 灣 大 學
近代經濟學說	安 格 爾	著	
比較經濟制度	孫 殷 柏	著	政 治 大 學
經濟學原理	密 爾	著	
經濟學原理	歐 陽 勛	著	前政治大學
經濟學導論	徐 育 珠 著 南康涅狄	克州立大學	
經濟學概要	趙 鳳 培	著	前政治大學
經濟學（18K）	歐陽勛・黃仁德	著	政 治 大 學
通俗經濟講話	邢 慕 寰	著	前香港大學
經濟學（新修訂版）（上）（下）	陸 民 仁	著	政 治 大 學
經濟學概論	陸 民 仁	著	政 治 大 學
國際經濟學	白 俊 男	著	東 吳 大 學
國際經濟學	黃 智 輝	著	東 吳 大 學
個體經濟學	劉 盛 男	著	臺 北 商 專
個體經濟學	趙 鳳 培	譯	前政治大學
個體經濟分析	趙 鳳 培	著	前政治大學
總體經濟分析	趙 鳳 培	著	前政治大學
總體經濟學	鐘 甦 生	著	西雅圖銀行
總體經濟學	趙 鳳 培	譯	政 治 大 學
總體經濟學	張 慶 輝	著	政 治 大 學
總體經濟理論	孫 震	著	臺灣大學校長
數理經濟分析	林 大 侯	著	臺 灣 大 學
計量經濟學導論	林 華 德	著	臺 灣 大 學
計量經濟學	陳 正 澄	著	臺 灣 大 學
現代經濟學	湯 俊 湘	譯	中 興 大 學